どーでも
ミシュラン

ホントに美味しい**北海道**に出会う食うんちく

瑞木 裕

KKベストブック

はじめに

「『ミシュランガイド』に載ったお店へ行ったことはありますか？　行ってみたいと思いますか？」そんな質問に対して、多くの方々は「NOだけど、YES!」という感じでしょうか。そして、その後の会話は、多分こんな感じではないしょうか。「で、ソコってやっぱり美味しいんですか？」「まぁ、そりゃあ美味しいでしょう。きっと」「だよね〜。でも高いんでしょ？」「そりゃあ、ソコソコでしょ。だって『金星』が一つとか三つとか付いちゃってますからねぇ」「金星じゃないでしょ。ただの星でしょ？」「あれって偉そうだし、値段も高いから金が付くのかと……」――。一体、誰のためのガイドなのか？　誰が作ったガイドなのか？　誰の味覚が反映されたガイドなのか？　そんな素朴な疑問から、この本を企画してしまいました。

追体験が出来ないうんちくなんて、絵に描いた餅です。誰もが少しの努力をすれば体験出来る美味しいうんちく、高価ではない美味しいうんちく、ひと手間加える美味しいうんちく。そんな美味しいうんちくを本書で追体験してもらいたい。食の楽しさに触れ、新しいうんちくを作り上げて欲しい。同じ美味しいを共有出来る嬉しさや食を通じたコミュニケーションが、私たちの人生をちょっとだけ豊かにしてくれるはず。そして、食のうんちくを食通だけのオモチャからわれわれ普通の人々の手に。味覚を高めるのは実食と知識。美味しい物を味わい、美味しい理由とともに消化すれば、味覚脳が刺激されうんちくが増えてゆきます。テレビや雑誌、ネット上に溢れている「食レポ」のニセモノの呪縛から開放することで、日本の食文化の多様性を発展させるのが本書の目的です。

随分と偉そうな建前ですが、でも本音です。日本に生まれたからには、日本の美味しい物を食べて、心から笑顔になりたいと思いませんか？　だからこそ、本物の食材や本物のお店の本物の料理を知ることが大切だと考えます。日本には一般には知られていない食材や料理、食のうんちくがまだまだあるんです。それらをお伝えしますので、是非自分達なりにアレンジして食を楽しんでください。誰もが出来る「楽しく笑顔じゃなければ美食じゃない」がこのテーマのキャッチです。

そう、安くても美味しいものはたくさんあります。例えば、赤ワインならフランスの高級ワインなんかいらない。冷やした微発泡性のイタリア産赤ワイン『イ・ルスティチ ランブルスコ』（日本でも八百円くらいで買える）なんかは日本の生の魚介類にも合うし、白ワインなら千円ちょっとの『おたるナイヤガラ』という香り豊かで世界一フルーティーなワインがあり、その辛口タイプは道産子も「なまら」と言う。そんな食ネタの数々で読者の方々を、最後は美味しい笑顔に誘うことができたなら、筆者は本望。そして、どや顔しながら己の心でこう呟いてやりたい。「ミシュランって、ど〜でもいいっすよ」っと……。

瑞木　裕

〈目次〉

〈第１章〉
北上海川蟹（シャンハイガニ）

舌対味覚指数（ＴＱ）に於ける頭から美味を感じる「食うんちくのＴＱ新語」を、『広辞苑』ならぬ『広味苑』などと呼んで紹介してみます。例えば「上海蟹」を普通は「シャンハイガニ」と読みますが、〝北海道の方が本場よりも色んな部分で美味い、海と川の間で獲れるカニ〟という意味を綴ってみると、広味苑では「北上海川蟹」と書いてしまいます。そんな「北上海川蟹」を、「シャンハイガニ」と読ませる意図とは？　その食うんちくはこうなります。

日本人ほどカニ好きな民族は、他にいないかもしれない。食卓や酒宴、あの女子会でも会話がなくなるほど、皆が大好き。毛ガニ、ズワイガニ、タバラガニの三大蟹はもちろん、花咲、油、渡り、朝日などのカニも料理の作り方次第で、日本のカニは皆かなり美味い。そういう意味では、日本は世界一の「蟹大国」なのかもしれません。

最近は一般的にも知られてきてはいますが、一応言います。タラバガニ、アブラガニ、花咲ガニ、ヤシガニ等はヤドカリの仲間です。それらヤドカリの仲間は異尾類に属し、カニは短尾類に属している。同じ十脚目に属しますが、その二つの違いは、カニはひっくり返すと腹に三角の部分、俗に云う「カニのふんどし」があること。また、カニとヤドカリの違いを見た目で簡単に言うと、カニはハサミ二本を含めた脚が十本に対して、ヤドカリは二本少ない八本ということです。蜘蛛類は脚が八本に対して、バッタなどの昆虫類は六本というようなものです。例えるなら、ヤドカリはカニの「バッタもん」と云う感じで……すみません。

　その「蟹大国」日本を、密かに面白くないと思っている国があります。ＧＤＰ（国内総生産）世界二位に躍り出た〝爆買いツアー暴走族〟の中国です。「俺たち、たくさん金あるよ。カニなんか幾らでも喰えるあるよ、〝謝謝〟。という金満大中（？）みたいな国民は、「世界一のカニは、我が国の……」というプライドがあります。それは？　そう、あの中国人が我慢に我慢を重ね、秋の解禁からたったの三ヶ月間しか食べないカニ。その期間以外は禁漁を設けるほど愛しており、「世界一美味しいカニ」と心から信じているのが、世界のグルマンなら誰もが知っている「上海蟹」であります。毎年十月に解禁されたメスは、内子という卵が腹の中に入っており、その美味なる珍味を求めるお金持ち中国人にとっては、年に一度の味覚の快楽イベントなのでございます（個人的には、その一ヶ月くらい後の白子を持つオスの方がメスよりも身は断然美味いし、白子が絡んだ味噌はかなり美味かと思いますが……）。

　確かに中国四千年の歴史、黄河の中・下流域で発祥した世界四大文明の一つが食文明の大河の流れでゆったりと育んできた世界三大料理の一つである中華料理。四足ならば机と椅子以外は何でもかんでも中華鍋の中に入れ、親の敵の様に化学調味料をドッサリと投げ込んで高温で炒めて喰っちまう……。でも、最近の中国の若い子たちの中には「一番大嫌いな料理は中国料理だよ、謝謝」と言っているとか。人類にとっては青史ともいえる文化である。ある意味、中華料理は和食と料理のコンセプトが正反対であるが、日本人にとっても、誰もが認める素晴らしい料理でございます。

日本のバブル時代、ブームだったスキー場のロッジに設けられている不味いレストランでも、「カレーライス」だけは〝安パイ〟だったように、昔は海外へ行くと不味い食しかない国や地域でも、「中華レストラン」だけは必ず何処かにあって、そこに行きゃあ基本的には〝安パイ〟だった。それくらい偉大なのが、中華料理であります。そんな偉大な中華料理においても、フカヒレやツバメの巣、北京ダック等と肩を並べるほど人気が高い高級食材が上海蟹です。確かに〝カニみその濃厚さと美味さ〟は世界約七千種類のカニの中ではトップなのかもしれません。最近は、北海道へも大挙押し寄せている中国旅行者たち。彼らは毛ガニやタラバガニが大好物で〝カニの爆食い〟もしているようですが、上海蟹の味噌だけは譲れない所らしいです。

中国人たちが語る上海蟹の最上級ブランドガニが、江蘇省の陽澄湖《ようちょうこ》産のカニ。最近は、他の湖や川で養殖したカニを陽澄湖の水に一日浸けただけのニセモノのカニに、産地名のタグをつけて出荷する業者も横行するほどの人気ブランドです。今、中国の河川や湖の汚染が深刻で、それが陽澄湖ブランドの人気に拍車をかけている要素でもあります。それ故、中国人のプライドである上海蟹は、日本のアイドル業界と同様、玉石混淆の状態なのかもしれません。というフリを踏まえてみますれば、この広味苑に於ける「北上海川蟹」、〝北海道の方が本場よりも色んな部分で美味い、海と川の間で獲れるカニ〟という意味が解ってゆきます。

上海蟹の正式名称の和名は、「チュウゴクモクズガニ」。中国及び朝鮮半島東岸部の原産で、イワガニ科に分類されているモクズガニの一種です。モクズガニ類は数種類あるが、基本的には河川と海の両方に分布する通し回遊種のカニです。簡単に言うと、河川の汽水域や河口を行ったり来たりしていて、カニ爪のところにモジャモジャな毛が生えていて、昔は日本のそこらの川の下流に普通に生息していたモジャモジャのカニくんと親戚みたいな種類のカニです。

その親戚である日本に生息している種類の和名は、そのまま**「モクズガニ」**と言います。各

地の地方名は「ズガニ」「ケガニ」「ヒゲガニ」などで、北海道では「カワガニ」と呼ばれている、小笠原以外の日本全国に生息しているカニです。親戚と言いましたが、その日本のモクズガニと上海蟹であるチュウゴクモクズガニ、実は親戚どころか双子の兄弟のような関係のカニなんです。見た目も生態も殆んど同じ、生物的には亜種とも言えるくらい非常に似ている近親種であります。ならば、その両者のカニの中身は？　一番大切な身や味噌などの味覚は？　果たして……。

この双子は味覚の方も殆んど差が

モクズガニ（カワガニ）　写真：有限会社百景

ありません。しかし、現在の河川の汚染や養殖物が多い状況を考えると、中国の上海蟹のチュウゴクモクズガニよりも、高知の四万十川や新潟の清流に生息している日本の天然物のモクズガニの方が上かと思います。また、カニに含まれているアミノ酸は、オチが早く腐敗しやすいので、輸送による鮮度のオチを考慮すると、日本で食べる場合なら、やはりモクズガニの方が断然美味いかと、個人的には思っております。「甲羅をはずした胴体を二つ折りにして身にかぶりつく。その香りと甘味は、人生観が変わるほどうんめぇ〜」と、初めてモクズガニを食べた蟹大国で育った道産子の友人も、そう言っておりました。では、中国四千年のプライド、陽澄湖の〝ザ・本物の上海蟹〟なら？　この本物に対して、日本を代表する「食の大地！　北海道」の石狩川に生息している〝北のモクズガニ〟を対決させてみましょう。

その前に、北海道のモクズガニを知るためのうんちくを少し。北海道は言わずもがな蟹大国でありますが、「ガキの頃、三時のオヤツに毛ガニが出るので、喰うのが面倒でイヤだった」という実に贅沢な環境にあった昭和生まれの道産子も、高級な上海蟹の存在を本やテレビで知ってはいても、それとソックリ同じで美味いカニが近くの川にウジャウジャいたということは全く知りませんでした。「ベトルンアンバヤヤッ」と呼んでいたアイヌの方々たちは、昔から珍重して食べていたようですが、屯田兵の子孫たちである我々は、カワガニという名称を聞いたり見たりしたことがある程度で、それを食べようとしたヤツは誰もいませんでした。

　五十年くらい前に体験したエピソード一つを。そのカワガニと呼んでいだ「上海蟹モドキ」（スミマセン、マグマ大使や仮面ライダーを観て育った世代なので……。ついでに、「恐怖！　激ウマ」のタイトルをつけると？）は、なんとお祭りの縁日で並んでやった出店の金魚すくいと同じ様に、一回十円のカニ釣りの遊びになってブリキの水槽の中を泳いでおりました。その頃の北海道の縁日には、ヨーヨー（水風船）釣りと金魚すくいの二大巨塔と肩を並べていた鮒《ふな》釣りがありました。二十センチくらいの少し幅がある竹ひごの竿の先に馬の尻尾の毛を釣り糸にしてつけて、その先にはイイダコのテンヤみたいな形の針（三本いかり？）がついていました。鮒を引っかけて、ポニーテールの糸が切れずに釣り上げたら貰える……そんな出店がありました。それと同様のシステムが、カワガニバージョンとして一時あったのでした。

　しかし、鮒は針で引っかけると暴れるので、上手く釣らないと糸は切れますが、そのカニはハサミの前方に引っかけようとすると一応は暴れますが、甲羅の後ろのケツの方に針を引っかけると、驚くほど静かにス～ッと簡単に釣られてしまいました。あまり面白くはないし、子供でも釣り方が分かると水槽からはどんどんカニがなくなってしまいます。そのため、道産子にとっては違う意味で美味しかったカニ釣りは、残念ながら二～三年くらいで縁日から姿を消しました。それでも二年以上続いたのは、当時モクズガニがどれだけ簡単にかつ大量に獲れたかということ。テキ屋のお兄さんも、金魚や鮒は安くても仕入れのお金が掛かりますが、それ以外に使い道がなかったカワガニは、タダで幾らでも獲れたんだと思います。

ちなみに、縁日で釣ったモクズカニを家に持ち帰った子供は、一応ペットとして水槽には入れますが、意外にデカいので必ず水槽から逃げ出して、部屋の片隅で干からびて死んでいるか、外へ逃げて野良猫やカラスの標的になっておりました。川の魚介類は虫や菌が怖いというイメージがあるので、幾らでも美味しい海鮮を手に入れられる道産子は、勇気を持ってしてまで食べようとするはずがなかったのでした。実は、今でも北海道民の殆んどは、「カワガニ〜モクズガニ〜上海蟹」の存在を知らない……。

ということで、北海道のモクズガニの前フリが長くなりましたが、「本場中国の本物の上海蟹vs.北海道のモクズガニ」の味覚比較は、筆者の中では、ある人物の一言で決着しています。それは、直接お会いして聞いた訳ではありませんが、あるルートから流れてきたオフレコの話。北海道在住の「腕は確かな料理人である友人」から聞いた話です。札幌の老舗ホテルにある中華料理店へ行ったその本場中国の著名な料理人が、凍てつくほどの石狩川に生息している北海道のモクズガニを食されて、ボソッとおっしゃられた一言がこちら。

「ん～、コイツは本物の陽澄湖のヤツよりも美味いかも……」

味は調理によって違いますが、とりあえず本物を知り尽くしているプロの料理人が本音で太鼓判を押した北海道のモクズガニは、茹ガニが一キロ千円程度（中国産の上海蟹の数分の一の値段）で、食べる価値はあります。それと、上海蟹と違って北海道のモクズガニには今のところ禁漁はありませんから、基本的には通年食べることが出来るはずです（石狩の漁師さんは、資源を考えて五～六月の春漁と、九～十一月の秋漁の二回を設けているそうです）。中国でも最近は、養殖物が出回り始めていて通年食べられそうですが、ある意味、解禁の時期以外の上海蟹の本物の味は、ニセモノである日本でしか食べられないのかもしれません。

〈第２章〉
肝安康身河豚魚（なべこわし）

日本列島の近海には、実に魚種豊かな美味しい魚たちが生息しています。海外の水族館でも様々な魚種に遭遇しますが、その街のシーフードレストランへ行き、水族館で見た魚が皿に載せられてきて、あまりの美味さに驚いてしまう、なんてことは殆んどありません。大概は、ポピュラーな魚にエビやカニ、カキが出てくるだけです。筆者が中学生の時、北海道の積丹半島《しゃこたんはんとう》で知ったハチガラこと「ムラゾイ」の亜種や、二十代の頃に新潟で食したノドグロこと「赤ムツ」(北海道では太平洋側には僅かに生息しているが、日本海側では「黒ムツ」は獲れるが暖流系の魚である赤ムツは生息していない。逆に、上京した頃の結構汚染されていた東京湾では獲れていた記憶があり、今みたいにノドクロを珍重していなかったので安く手に入った)を食した時のような感動は皆無でした。

そんな海外では、オーストラリアのゴールドコーストで食した、マングローブの林に生息している「マッドクラブ」が美味しかった。ワタリガニこと「ガザミ」と「ヘラガニ」を足して、胴体より爪を超デカくした様なそのカニを、三日間続けて「蒸し」「チャイニーズ」「チリ味」で試すほど美味かった(一九九〇年代中頃で、オーストラリア・ドルが八十円の時代でも、既にいい値段でしたけど……)。

それと、一九八〇年代中頃で、値段は逆に激安なバハマの屋台で食べた「コンク貝」が美味かった。味と食感は、内房の「マダカアワビ」(暖流系の高級アワビで、ホントは刺身には向いてないと思う)

と北海道の「エゾボラ」を足した感じ。コンク貝は二十～二十五センチ程の、かなり大きな巻貝です。その身を生のままブツ切りにしてビニール袋に入れ、そこにチリソースを加え、ライムをジュワ～と搾る。最後にビニール袋を手でグニュグニュ揉んで、馴染ませたら出来上がり。簡単で、とても美味かったです。

バハマへは、ニューヨーク大学に行っていた知人に会いに行き、その場のノリで「行ってみるか、本人より倍増し美人なホイットニー・ヒューストンが居そうなナッソーへ？」とフライトしてしまった旅でした。当然、コンク貝こと〝美味なピンクガイ〟のことなんて知る訳もなく、「あ～、ニューヨークから醤油とワサビを持ってくりゃ良かった」と悔しんだものでした。コンク貝は、食用で乱獲され生息数が激減したため、「ワシントン条約の付属書Ⅱ」に該当。当時も現在も、バハマ政府の保護・管理下で国際取引が規制されています。日本で新鮮なコンク貝に出会うのは難しいでしょう。どうしてもと仰る方は、バハマへどうぞ。ご近所のキューバや米国はマイアミなどでも出会えるそうです。干物なら昔から輸入されているそうですが、最近は冷凍モノのコンク貝があるとの噂もあります……。

貝の干物と言えば、北海道の「ホタテ」の貝柱が有名ですが、他にもあまり知られていない、食べると癖になる貝の干物があります。桜貝と呼んでいる「バカガイ」（江戸前の寿司のネタなら「アオヤギ」です）の干物なんですが、少し臭くて独特の風味があり、酒のアテにはピッタリ。バハマに行った当時の屋台でも、コンク貝の干物が売られていて、ホテルの部屋に持ち帰りました。バハマのホイットニーは持ち帰ることが出来なかったので、一人ビールを飲みながら「ん〜、ちょいプ〜ンと臭くて、ガキの頃にガラナを飲みながら食べた、あの北海道の桜貝よりも味が濃くて肉厚で美味かった」という記憶があります。たぶんスープの出汁に使ったり、また中華料理の干しアワビやフカヒレと並ぶ食材として面白い料理が出来そうで、様々なレシピが可能な食材だと感じました。

ちなみに、オーストラリアのマッドクラブは、日本に生息しているなら、「ノコギリガザミ」がソレです。汽水域に棲んでいるカニで、獲れる数も少なく、房総半島などでは美味しいと言われています。前章の上海蟹と石狩川のモクズガニの比較じゃないけど、大概は日本列島の方が美味い。だが、ノコギリガザミはマングローブの林にいる泥ガニの方が、味は複雑で深みがあり美味しいのかもしれません。やはり、ちょいプ〜ンとしたほうが旨味の要素でもあります。ただし、その分オージーのノコギリガザミことマッドクラブは、入念に泥抜きをしなければ喰えたもんじゃない。だから昔は、市場で値段が付くような代物ではなかったそうです。

日本列島は美味い魚種が豊富だという話から、海外の魚介に脱線してしまいましたが、「肝安康身河豚魚」を「なべこわし」と読ませる美味な食材の話に戻ります。この漢字をそのまま読むなら「肝はアンコウで、身の方はフグという魚」を、どうして「なべこわし」と読むのか？　知らなきゃあチンプンカンプンでしょうが、昔の道産子や海辺の町に住む道民にとってはポピュラーな魚。日本の冬が誇る鍋料理の二大巨塔、「アンコウ鍋」と「ふぐちり鍋」を兼ね備えているハイブリッドな魚なんているのかよ？　と誰もが思うでしょう。それがいるんですよ、安心して下さい。それもかなり安い食材で！

その前に、また余談になってしまいますが、アンコウのミニうんちくをチョットだけ。アンコウの種類は、日本周辺海域で六十～七十種類あると言われているが、食用として流通しているのは三種類だけです。アンコウと呼ぶ「クツアンコウ」、ホンアンコウと呼んでいる「キアンコウ」、その二種類と比べればかなり魚体が小さい「ミドリフサアンコウ」。食べて美味いのは、クツアンコウとキアンコウなんだが、市場ではどっちも区別をせずアンコウとして売っているのが殆んど（あのでっかい口の中が白いのがキアンコウで、口の中に水玉模様がみえるのがクツアンコウです。確かに判りづらいっす……）。

茨城の名物である、一メートルを超えそうな「アンコウの吊るし切り」はキアンコウの方。「ウチのアンコウの肝は、フォアグラ以上だ！」と言ってはばからない、アンコウをブランド魚にしようとしている北海道余市《よいち》町の方々は「茨城産や青森産のアンコウはキアンコウという種類で、ウチのアンコウがホンアンコウだから違う」と仰っておりますが、「ホンアンコウ＝キアンコウ」ということを大概の方はご存じないようです。確かに日本海の寒流で身が締まっており、ブランドになるほど北海道のアンコウは美味いんですが……。ＪＲ余市駅近く、国道五号線に面している市場の食堂では、「アンコウ汁」のデカいお椀というか丼が、一杯二百円でメッチャ美味かった（たぶん、今も変わってないと思うけど……）。新鮮なアンコウは身と肝と骨から出汁が出て、極上の汁が出来上がる。

アンコウのうんちくついでに、もう一つ。よく「アンコウの七つ道具」と言いますが、ホントは「八つ道具」じゃないかい？　肝臓の「肝」、「水袋」と呼ぶ胃袋、皮、ヒレ、卵巣の「ヌノ」、「トモ」と呼ぶ身、それと「エラ」を七つ道具と呼ぶけど、もう一つ「ヤナギ」と呼ぶほほ肉もありまっせ。ヤナギを入れるパターンはエラを除いたりするらしいが、食通的には外すことが出来ないから、アンコウは「八つ道具」にしておきます。

ちなみにもう一つ、キアンコウの八つ道具に卵巣のヌノが入っているけど、「オスだったら？」という疑問をお持ちの方もいらっしゃるかもしれません。でも、残念ながらキアンコウで食べられるのはメスだけなんです。一メートルを超える魚体になるのはメスだけです。オスは、ジンベイザメにくっついているコバンザメよりもっと小さくて、生殖しようとメスに近付き、大きな口に吸い込まれてしまい、胃袋に収められてしまうこともあるそうです。例えるなら『進撃の巨人』のメスが「シャラポワ」で、喰われてしまう人間の男が「猫ひろし」みたいな感じ……個人的なイメージです。

また、個人的なイメージのアンコウ鍋を語るならば、都内では唯一のアンコウ料理専門店、江戸時代から百八十年も続いている老舗中の老舗である神田・淡路町の『I』は、西のフグに対して「てやんでぇー、東はアンコウってもんでぇー」といった江戸っ子の庶民的な雰囲気はいい感じですが、味つけの方はというってぇと、濃口醤油の江戸っ子的な味で、お値段的には庶民的と言えなくなっているのが正直なところ。ならば、代々木上原という、或る意味渋い駅にある魚介・海鮮料理の『山形』というお店はどうか。時代的にはそれほど安くはないけど、このお店のアンコウ鍋は自分が知っている限り、都内一の味だったと思います。新鮮で身の締まった北海道のアンコウを仕入れていて、大皿に並べた七つ道具のそれぞれに、部位の名をご丁寧に和紙に書いて添えている。ヤナギ、トモ、ヌノ、皮、ヒレ、エラ、水袋……と？　七つ道具ですが、あと一つは？　そう、「肝」ですが、和紙に書かれた部位にはないけれど、スープに使っているはずなので、実際はこの店の「アンコウ鍋」は八つ道具です。

ここのアンコウ鍋が粋なのは、食の三弾ロケットだから。最初は、新鮮な部位を水炊きのポン酢で楽しませる。途中、味変したくなったら、鍋に味噌を投入し味覚も心もまったりとさせてくれます。そして最後は、やっぱり雑炊でメる。見事な構成だと思います。これで一人前三千八百円なら不満はないし、「あんこう鍋御膳」なら七千円するけど、「ふぐちり」や「すっぽん鍋」も提供している店なので、その御膳にはトラフグの刺身「てっさ」と「唐揚げ」も付いているはず。伝統の雰囲気はどうでもいいなら、老舗のコース一人前よりも少し安くておトクかも？　でも、北海道の余市や小樽等の地元の市場で売られている、早朝入荷したアンコウの切り身が八つ道具揃ってワンパック三百円には敵わないけど……。

フグの方は、やはり西の「トラフグ」に軍配か？　東は「ヒガンフグ」や「ショウサイフグ」、北の「マフグ」だが、「旬によっては、ヒガンやショウサイもトラフグを超える!?」とか「フグの王様はトラフグだが女王様はマフグ。あっさりな美味さが一番のマフグがフグ本来の味だ」なんていうフグ界野党な人間もおりますが、ど～でしょうか？

北の出身なので、ガキの頃からフグといえばマフグであり、「フグ＝高級魚」のイメージは皆無。マフグは内臓や卵巣は勿論、トラフグと違って皮にも毒があるから、市場では頭と皮や内臓を外して並べていた。晩秋から冬にかけてが旬であり、留萌《るもい》沖で三十センチ以上の立派な物が獲れる。昔は、初夏に獲れる小さい物がザルに一山大盛りで百円程だったと思う。家庭では大概みそ汁の具に使っていましたが、それでも十分フグの味わいが有り、食べやすいのでレシピ次第では面白い料理が出来そうです。トラフグ同様にギリギリまで寝かし、マフグの飴色が濃くなったら旨味も増すかもしれません。それを植物性オイルを使ってイタリアン風などに……。

とはいえ、グルタミン酸の王者はトラフグで揺るぎないでしょう。それを確信したのが、丁度一九九八年の長野冬季オリンピックが開催されていた時。その頃、「フグなんか喰ったことないっすよ。白身って、ヒラメみたいもんっすか?」と北海道の高校の後輩である若手芸人に言われた。「だったら、究極のフグを喰わせるから、山口県の地方局の特番に出てくんない?」と誘って、フグを食べるために番組まで作って行ったのが、山口市にあるトラフグ専門料理屋。そこで食したグルタミン酸の旨味成分が口内で爆発する衝撃は後にも先にもなく、ビックリを超えて感涙したのを覚えています。

ちなみに、もう一つビックリを超えて感涙したのが、生放送でスタンバイしていた会場へ届いた知らせ。丁度その時、長野オリンピックのスピードスケート女子五百メートルで、岡崎朋美選手が銅メダルを獲った知らせがモニターに流れていたが……それじゃなくて、生放送に出演する芸人が、羽田発宇部行きの飛行機に乗り遅れ、急遽、山陽新幹線で博多まで行き、ローカル線に乗り換えて山口駅を目指していた。なんと、本番の数分前に間に合うだろうという知らせでした。

そんな東京から来る若手芸人に食べさせてやろうと、山口のトラフグ専門料理屋の大将もかなり力が入っていたようです。フグの大きさを計り、締めた後に寝かす日数を完璧に計算し、アミノ酸が最高になった身を出してくれたみたいです。支払いの時に、美味しさへの感動と、都内にある有名店の数分の一の値段への感謝を伝えました。すると、大将は色紙とサインペンを出しながら「娘が大ファンで……」と、何時もより入念に食材を仕上げたことを話してくれました。

そして、最高峰のトラフグを食したばかりの若手芸人コンビに感想を聞くと、コンビの一人は「抜群っスよ!」と答えましたが、高校の後輩であるその相方の方は「美味いけど、北海道の魚より上っていうほどではないっスね」というリアクション。そんな彼には「自分も若いころニューヨークへ行った時には、壁の落書き一つ、風で転がるゴミにさえオシャレを感じた。君らも、エンターテイナーとして若いうちに行っといた方がいいかも」とド深夜のｄｊ・ｈｏｎｄａの番組に、レポーターとしてニューヨークロケに行ってもらったが、その時の感想も「いや〜、今はもうニューヨークよりも東京の方が上っすね?」でした。そんな風に若手の頃から的確に判断して、正直にモノを言える賢い奴だから、いま多くのテレビ番組で中心にいられるんだろうと思いますが……。

さて、アンコウとフグの味覚のハイブリッドのフリが長くなってしまいましたが、そろそろ本題に。その魚の答えは、ズバリ**「カジカ」**です。とはいえ、そのズバリがピンとこないですよね？

カジカと言われてイメージ出来る人間は、田舎出身か「さかなクン」みたいな人間くらい。それも、普通は「カジカ蛙」か、川のハゼである「ゴリ」とよく間違われる、小ぶりでちょっと不細工な川魚を連想してしまうはず。実は、後者の川魚の方は半分正解。カサゴ目のカジカ科は日本には数種類おり、海にも川にも棲んでいる。

カジカ　写真：株式会社武田鮮魚店

しかし、東北以北、特に北海道でカジカと言えば海で獲れる体長五十センチを超えるポピュラーな美味しい魚なのです。海に棲んでいるカジカには、マカジカと呼ぶトゲカジカやツマグロカジカ・ギスカジカ・ケムシカジカなど。カジカを漢字にすると、魚偏に秋で「鰍《かじか》」であり、その名の通り秋から冬に向けてが一番美味い。中でも一番大きくなるのが「棘鰍《とげかじか》」であり、なべこわしと呼ばれるのもコイツである。その由来を漢字で書くと「鍋壊し」。「あまりにも美味いので、皆が囲んだ鍋を箸で突つくから、鍋が壊れてしまう」のだそうです。確かに、魚体が少しヌルッとしている新鮮なカジカを、肝や胃袋など余すところなく入れる味噌鍋は、もの凄く出汁が出て本当に美味い。

余談ですが、美味い魚って、業界の先輩から聞いた都市伝説（『太陽にほえろ』七曲署のボスだった大スターの女性のお好みの様に……）みたいに何で不細工なんでしょうか？　オコゼにアンコウやドンコとメゴチうんぬん、それにフグだって愛嬌はあるがおブスの類。このトゲカジカも、ケムシカジカほどではないが、オニオコゼに匹敵するほど美味なる面構えをしています。「なべこわし」の名前の由来も、満更オーバーではないほどの美味さです。淡泊な白身の魚でありながら旨味がとてもよく出るので、出汁用の昆布なども一切必要ない。ちなみに、なべこわしは北海道でも釧路・根室などの道東で名付けられたと思われる。日本海側の小樽や余市あたりではカジカ鍋とは呼ばず、豚汁のような味噌汁感覚で「カジカ汁」と呼ぶのがポピュラーです。

そんなカジカ汁のレシピはこんな感じ。カジカをぶつ切り（皮つきの身と胃袋）にしてから塩締めし、生臭さを取るために熱湯で湯通しして鍋にぶち込む。後は、大根・ニンジン・ジャガイモ・玉ねぎ・ネギ・ゴボウや水菜・白菜はお好みで（さっき豚汁を例に挙げたのは、鍋ではあまり入れないジャガイモや玉ねぎがカジカ汁の出汁にはピッタリで美味いから）。他は、豆腐や油揚げにキノコの類、牡蠣や白貝なども好みで。具材が煮始めたら味噌を溶き、そしてカジカ汁レシピのハイライト、鍋の表面に美味い脂が浮かび出したら、カジカの鮮烈なオレンジ色をした肝を投入。程よく煮えて、具材が出汁をたっぷり吸ったら完成です。唐辛子やバターを加えて食べても美味しい。「アンコウ鍋」に匹敵する、それより少し甘みを感じる、庶民の懐には優しい鍋です。最近はカスベ（エイ）やソイにカレイなど、北海道でしか流通していなかった魚も都内に流れてきておりますが、未だカジカのブサイクな顔は見ておりません。

　さて、なべこわしと呼ばれるカジカという魚が、その肝も含め、アンコウに匹敵する鍋料理になることは納得出来たとして、身がフグの様だというのはどうなのか？　カジカの身ってグルタミン酸の塊で、プリプリの食感なんだろうか？　実は、カジカ汁の身は確かに美味いが、その身がフグちりみたいに淡泊で歯ごたえがあるのかと問われれば、正直違います。ですが、新鮮ななべこわしことトゲカジカのハラス（内臓を包んだ部分、マグロなら大トロの部分です）を唐揚げにすると、なんとフグの唐揚げとそっくりに変身してしまうんです。フグ料理のコースの中でも、唐揚げは一番とも言えるほど人気が高い料理ですが、その皿に出しても分からないほど似ており、美味い。昔、ある番組で、関西の大御所の料理人に北海道まで来てもらい、カジカだとは教えず（教えても、京料理出身の人ですから知らなかったのですが）試食してもらいましたら、「このフグの唐揚げは美味いでぇ!!」と言っておりました。

カジカ汁の肝がアンコウの肝のように美味しいことを、昔の道産子や現在も海沿いに住んでいる道産子なら知っていると思います。しかし、カジカのハラスを唐揚げにすると、フグにソックリで美味しいというのは初耳だと思います。ということで、「肝安康身河豚魚」である「なべこわし」ことカジカを、機会があったら是非ご堪能ください。

ちなみに、カジカを市場で買うと、季節によってはその魚卵が付いていたりします。その卵を「イクラの醤油漬け」みたいに酒と醤油で一晩漬けると、また独特の味になって、「トビっこ」なんかよりもずっと美味しく、ご飯のお供には最高です（旬じゃないと皮が堅くなり、美味さも半減しますが、個人的には大好きな魚卵です）。また、カジカ汁を洋風ブイヤーベースに仕立てて、肝にバターを合わせたりチーズを使った鍋はカジカの出汁が活きて美味しい。出来上がったところで魚卵を汁に放すと、卵が華のように咲いて、食のパフォーマンスにも宜しかったりして。

〈第３章〉

昆布卵（ウニ）

利尻島
礼文島
稚内市
知床半島
羅臼町
留萌市
根室市
小樽市
釧路市
寿都町
せたな町
日高町
噴火湾
襟裳岬
函館市
津軽海峡

バブル期の銀座や六本木のチョイとお高めな寿司屋のカウンターでは、顔をテカテカとさせたオヤジの横に座りながら、板前さんに向かって手を挙げ黄色い声で「サヨリにも、ウニ下さ～い」（一応、「サヨリ」は源氏名の例えです）と、シャネルやダナ・キャランなどの輸入ブランドスーツを着て前髪をトサカにしながら、ミニスカートから伸びる脚のふくらはぎには全くもって筋肉を感じないような若いオネェちゃんの姿をよく目にしたものです。その同伴出勤前と思しきクラブのオネェちゃんは、寿司屋の御品書きの「雲丹《うに》」も「海胆《うに》」も「海栗《うに》」も絶対に読めなかったし、「やっぱりウニは粒が大きくて黄色いものじゃなきゃダメよね」には、お前のオツムの中は北海道日本海側の八月中頃の「昆布卵」の殻だろ!?　その黄色い焼きミョウバンまみれになっているウニを箱ごとパイ投げみたいにオネェちゃんの顔にぶつけてやりたい、というのが今回の食うんちくです。

　先程の風景は、日本にとってはある意味大らかな良き時代の無駄が込められている、よく見かけたショートスケッチではありましたが、これは美食にとっては対義語の様なワードが込められているので、ウニの美味しい謎を紐解いてみましょう。

　まずは、間違いなく世界一美味いはずの日本のウニについて三つの謎を。

（その一）北海道の至高のウニは、年に三ヶ月間しか食べることが出来ない？

（その二）北海道の市場で至高のウニを買うためには、見分けるある方法が必要。例えば小樽なら、
　　1100番台のウニじゃなければいけない？
（その三）「海は、漁師の畑です」という看板を海岸なんかで見たことがありますが、北海道の至
　　高のウニにとって、その畑に育てられている肥料がとても大切？

って、ごく一部の道産子にとっては当然のことを言っているのですが、それ以外の人には、たぶん理解出来ないでしょうから、それを説明してゆきましょう。

　この間、豊洲に移転する前に築地場外に行ってみたんですが、そこで驚いたのがナンと「ウニの専門店」や「全国のウニを食べられるお店」みたいなお題目を掲げているお店が、軒を連ねるがごとくズラリと並んでいました。少し前に夕方のニュースの特集で紹介していたのを観たことはありましたが、こんなことになっているとは思いませんでした。「てやんでぇ、日本人はウニ好きなんでぇ！」「顧客のニーズがあるんでぇ、どうのこうの言われる筋合いはねぇでがす」と、『ど根性ガエル』（集英社）の寿司屋の梅さんみたいな江戸っ子の発言に対して、「果たして全国のウニを集めて喰い比べて意味があるのかなぁ？」という、道産子の思いは結構あります。

　その道産子で図鑑少年だった（特に、解説の下に「美味」「食用」「不味」「毒」と書いてあった

魚貝類図鑑をわざわざ購入してバイブルにしていた）筆者に言わせちまうと、世界で確認されているウニの種類は九百種類ほどもあるが、その中で一般的に食べられているウニは、たったの十数種類しかなく、なんとその中の六種類が日本で食べられているウニである。それは「バフンウニ」「ムラサキウニ」「アカウニ」「シラヒゲウニ」と、北海道の「キタムラサキウニ」「エゾバフンウニ」である。

　そして、その中で〝日本一であることは、当然世界一であって、体操の内村選手みたいな存在でありダントツに美味い〟のが、北海道の**エゾバフンウニ**なのである。オマケにその中でも「日本海側のせたな～寿都《すっつ》～小樽～留萌～利尻《りしり》・礼文《れぶん》の浅瀬にいるエゾバフンウニが世界最高峰である。「ウニを食べるんなら間違いない、ノナ（キタムラサキウニ）じゃなくてガンゼ（エゾバフンウニ）を食べればいいっしょ、なまら美味いから」と道産子の食通も認めるのが、ウニは黄色い身ではなく、その鮮やかなオレンジの身である「海胆」（ちなみに「雲丹」の漢字を使う場合は、瓶詰などの加工品を充てるみたいです）である。そして、それを食べられるのは五月後半～八月中旬までのたった三ヶ月だけなのです。

　一般的に、「海栗」のイガイガを割って、その中に星形みたいに五つふっくらと入っている我々が食べている「ウニの身」は、卵巣であります。雌雄同体（子供の頃からそう教わっております）

であるウニは、北海道の日本海側のせたな～積丹半島～小樽～留萌辺り（北の利尻・礼文は少し後）の海では、大体八月のお盆頃には殻の中に「あんりゃあ、もう白子が入っちゃってるっしょ」と地元民が言っている白子、つまり精子（白くて苦みがある）を持ってしまい、あの世界一の甘く美味い卵巣は、全く以って不味くなってしまうのです。その後は、直ぐに受精卵として殻の外へと放出してしまうのです。

故に、それ以降の北海道・日本海側のウニは、獲って割ったとしても、その中はバブルの時代の六本木や銀座の同伴オネェちゃんのオツムみたいにカラなんです。そのくせ、同伴後に「領収書はカラでちょうだい?」と言うだけで、オネェちゃんとは一年通っても美味しい思いは絶対にありません……って、それはどうでもよくて、エゾバフンウニの方は翌年の春まで食べることが出来ないのであります。これが「昆布卵」のフリから始まる「その一」の謎解きです。

というと、読者の皆さんの中には「あれっ!?　でも北海道のウニって、夏の時期の後でも食べたことがあるけど?」と思われた方もいるでしょう。そう、例えば根室・釧路産や羅臼産と書かれたエゾバフンウニは、東京の市場や寿司屋などでも見たことがあります。実はその通りで、その謎の答えがコチラ。

北海道が面している海は三つで、日本海と太平洋とオホーツク海と、全く違う海があるのです。

それ故､それぞれの海で生息している魚介類も様々。例え同じ種類の魚介(毛ガニなんかもそうだが)でも、味覚が違ったり、味覚はそれほど違わなくても旬が異なっていたりもします。それが、北海道産ウニの理由です。

「それならオホーツク海や太平洋のエゾバフンウニだって北の海だし、その旬なら美味いんじゃないの?! 日本海側のウニだけを、世界一美味い『至高のウニ』っていうのはどういうこと?!」という謎の答えは、前述「その二」を解いてみると納得します。

答えをジーンズに例えてみます。ジーンズと言えば当然『リーバイス』。リーバイスなら、やはり「501××」ですよね? 誰もが知るジーンズの定番スタイル。嫌いな人間はいないはずのストレート・デザインは、実にいい味しているオールド・スタイル。アメリカに憧れた昭和小僧なら「501」と刻印された革パッチのGパンに、必ず一度は足を通したことがあるはず。

そして「リーバイス501」をリスペクトした日本のジーンズ職人たちが創り上げた、今や間違いなく世界一のジーンズである我らが誇る日本の藍色「ジャパン・ブルー」たち。その岡山などの国産ジーンズである最高に色落ちがいい味醸し出す名品を揃えるのなら、『フルカウント』は革パッチに刻印されている「0105××」であり､『ウエアハウス』ならば「1000××」か「1001

××」などでしょうか。残念ながら『エヴィス』のナンバーワン（昔は色落ちすると汚れが相まってグリーンっぽく見える名品があった）のブランドは、ビジネスのために過去の遺物。それなら『エイトジー』か、ザ・職人の『鬼デニム』の色落ちが「カッケ〜、いい味出している」と思っていますが……。

そんな世界のデニム好きも認め憧れている、国産ジーンズの名品たちの革パッチにナンバーがあるように、なんと北海道のエゾバフンウニにも、昔はジーンズと同様にナンバーが書かれていたことは知られてない。そう、北海道のウニには番号があり、プロやごく一部の食いしん坊だけが知っている、味の良いウニがあったんです。例えば「小樽の市場のガンゼは1100番台じゃなければダメ」という美食の理由があったのです。では、その昔の小樽の市場で「至高のウニ」を見分ける方法、その「1100番台」のウニじゃなければいけない理由を紐解いてみましょう。

今もあると思いますが、海水浴や釣りに行くと「海は漁師の畑です！　××で○○を採るのは泥棒です!!」といった貝・ウニや海藻などを採る行為の禁止を訴える看板を海岸などで見たことはありませんか？　漁師さんが海岸を耕したわけではありませんが、海に様々な畑があることは確かでありまして、北海道の「至高のウニ」にとっては、その海の畑で育てられている肥料がとても大切なのであります。北海道の日本海側で採れるエゾバフンウニが「初夏からお盆くらいまでの三ヶ月間しか食べられない世界一のウニである」と書きましたが、では、その根拠はなにか説明しましょう。

先程ジーンズに例えた時、人気のジーンズ・ブランドにはファンやマニアが好む代表的なロットナンバーがあると書きました。例えば、股上が深いとか浅いとか、腿のわたりが太いとか細いとか、ストレートだの少しテーパードしているだの、「生地の厚さは何オンスなの？」に対して14オンスとか15オンスとか、リーバイスの「501番××」やウエアハウスの「1001番××」には右のお尻ポケットの上にある革パッチに書かれていて、そのロットナンバーが大切だとか……。

実は、昔の小樽の市場で並んでいた生ウニにも、なんと「1000番台」や「900番台」等のロットナンバーが存在していたのです。当り前ですが、ウニのロットナンバーが「リーバイス501」や「リー0101」と刻印されている革パッチが、殻のトゲトゲに刺さっている訳がない（だったら、漁協の組合長もド演歌のパンチヘアーではなくて、そのパンチを伸ばしたヘアーに櫛で逆立てさせたアフロ・ヘアーで「ハッスル・ハッスル」して良かったんだが……）。ウニが盛られている折りの木箱には、「小樽漁業水産組合」と書かれ、その横に「1100」と数字が刻印された紙が貼付けられていた。この番号がウニの美味しさを大きく左右していたのです。

昔の小樽は豪商が多く、貿易と商業が栄えた街で、一般の市民でも美味いもの好きが多い街でしたが、さすがに生ウニの箱にロットナンバーの入った箱を選んで買うようなオッさんやオバちゃんはいませんでした。しかしその時代に、この番号の大切さを知っていた美食家のクソガキがいて（児童～生徒～夏休みに帰郷した学生時代、もしかして、三十代くらいまで家族を連れて夏休みに探していたような気もしていますが……）、そいつにとっては大切な1000番台の番号で、ジーンズも大好きだが、そのプレミアム・ジーンズなんかよりも価値が上だと考えていたヤツが約一名。値段は他のウニと殆ど変わらない、でも明らかに他の数字が書かれているウニとは「やはり味が、断然違っているっしょ！」とシタリ顔をしながら市場を歩き回っていたクソガキがいました。当時の魚屋さんとのやり取りをしっかり覚えています。

数十年前、小樽にあった市場の再現——。

クソガキ「スミマセン、そのガンゼいつの？」
魚屋さん「そりゃあ坊や、今朝入った地元のヤツに決まってるっしょ！」
クソガキ「なら、その箱は何番のヤツ？」
魚屋さん「あ～、こっちのノナとガンゼが900で、隣のガンゼは百円高いけど1100だぁ！」
クソガキ「あ～そう！　なら買うから。その忍路《おしょろ》の1100番のガンゼを二箱ちょうだい？」

魚屋さん「あいよ〜。坊や知ってんだ?」
クソガキ「小樽のガンゼを買うのなら当然だよ、魚屋さん」
魚屋さん「しゃーない、坊やなら隣の九百円のヤツと同じでいいや。二百円引いちゃるわぁ!」
クソガキ「あんがとう。さすが大将さん!」

当時の小樽・入船市場や南樽市場などの会話なら、クソガキは「プレミアム物のウニGET!」であり、テストの100点よりも、またフリカケの「のりたま」はあんまり美味しくないと苦手だったので「すき焼きフリカケ」を無理に買って、その袋に入っていた「エイトマン」のプレミアム・シールをゲットするよりも満足だったのである。

といっても、「エゾバフンウニがどうしてプレミアム物なの?」は、まだ解りませんよね? その答えは、その番号が(小樽の中で)獲ったウニの場所を示しているからである。さっきの会話にあった番号「1100番」なら、小樽の海岸でも「忍路」という土地の海で獲られたウニであり、その木箱に詰めて出している漁師を表記していたのである。

では、どうしてウニが採れた場所が違うと良いのか? その答えは、先程もチラッと振ったその三「海は、漁師の畑です!」の看板に書かれていたキャッチフレーズが大いに関係があるのです。「海が漁師の畑」なら、その畑の作物である魚介の肥料は何でしょうか？　単純に考えればプランクトンや海藻なんかでしょうか？　そう、ウニにとっては「肥料」である海藻がとても重要なんです。ウニが食べている餌は海藻です。だから、どの場所でどんな海藻を食べているかが、ウニを食する我らにとっては非常に大切になってくるのです！

実は、ウニは海藻ならなんでも食べてしまいます。基本的にカジメやワカメ・昆布などの海藻などですが、地上の植物の葉っぱや茎も食べてしまう例もあります「北海道で行われたウニ養殖の研究で、地方名・ドンガイ（正式名「イタドリ」）という、「ウドの大木」じゃないけど、短期間で林の如くうっそうと育ってゆく、繁殖力と成長力が非常に高い植物の葉っぱをウニに与えたらガンガン喰って、普通の海藻を与えたウニよりも早く成長して殻が大きくなった、という結果も出ているらしい」。また、食べられない種類ですが南の海のウニは海綿やサンゴ、コケムシなども食べます。

でも、北の海のウニなら主食はやはり昆布でしょう。しかし、北海道の海には他の海藻も多く生息しています。ワカメだったりノリだったり、アオサ、ヒジキ、テングサ、ホンダワラやアマモ等もエゾバフンウニやキタムラサキウニは食べます。ということは、北海道のウニでも、昆布だけで育っているモノばかりではないっていうこと。

そう、もうお解りでしょう。海の中は、どこも同じではありません。海岸によって、海中の地形や環境によっても生物の生息は様々ですから、生えている海藻も様々、まさに色んな畑がある。ワカメが生えている畑、ホンダワラやアマモしかない畑、真水や日光で磯焼けしてしまい海藻が少ない不毛地帯、そして、食いしん坊にとっても、北海道のウニや貝にとってもまさに天国なのか昆布藻（地元でそう呼ぶ）なのです。

北海道のウニは、砂の海岸ではない岩礁地帯なら、大概どこでも生息しています。つまり、ウニはその海に生えている海藻によって、味が全く違ってくるのです！　ウニの殻を割ってその殻の中を見ると、食べられる身（卵巣）の部分と、その間にある我々が食べない焦げ茶色の部分があると思います。その部分は、ウニが食べていた海藻です。つまり、ウニは食べている

知床五湖　写真:KOBA

海藻の味（出汁）によってその味覚が違ってしまうのです。となると、あの昆布の「香り」や「旨味」が、ウニが食べた昆布のパーセントによって、そのまま味覚の偏差値が大きく左右されてしまうんです。

故に、先程の小樽の市場の会話に戻ると、「忍路１１００番」のエゾバフンウニは、忍路という場所の昆布藁という昆布だらけの海であり、その昆布をたらふく食べたヤツを獲ってきたのだから、絶対にハズレがない、旨味の香りや出汁を備えた「至高の昆布ウニ」だった。それが、ジーンズからのウニのナンバーのカラクリでした。しかし、当時でもこれを知っているのは、漁師や仲買人など関係者や、ちゃんとした料亭の板前や寿司職人ぐらい。そんなプレミアムの番号を知り、確認して、吟味してウニを買っていたクソガキは小樽でもいませんでした、間違いなく。

ウニの食うんちくを書いてゆくと、最後は冒頭の疑問に戻ってゆきます。北海道のエゾバフンウニが昆布を食べていたから美味いというのはウゼ～くらい解ったけど、「日本一で世界一の至高のウニが、なんで北海道の日本海側にいるエゾバフンウニだけなの？　北海道では、太平洋やオホーツクの海でも、例えば、日高昆布や羅臼《らうす》昆布なんかを食べるウニがいるはずだけど？」という疑問です。

実は、その疑問は意外に簡単な答えだったんです。続いての最後の謎は、「昆布卵」の理由について。まずは、北海道昆布のミニうんちくから。「日本の都道府県で、昆布消費量が日本一なのは、なんと沖縄県である！」という、昔クイズ番組で使ったデータを思い出して書こうとしたが、残念ながら最近のデータでは「富山県がダントツの日本一」になってしまっていたのです。その「北海道の昆布が、南の沖縄で一番消費されているってぇのが面白いじゃん？」の思惑は、脆くも大昔の「北前船」のごとく日本海の藻屑となり記憶の海の底へ沈んで消えてしまいましたとさ。実際、昆布を中国へと運ぶために、小樽などの港から「北前船」で積んだ昆布が大阪経由で琉球王国へと運ばれて、「昆布座」という現在の市場経由で清国へと売られていたんです。

たぶん、その琉球の昆布座ではこんな会話が交わされたに違いない——。

「中国人は、なんでも油で炒めていればいいと思ってるし、ピータンばっか喰っている舌で昆布の味なんかは分かんない（そうは、言ってなかったと思うけど）」と、売れ残った昆布を琉球の庶民たちが家庭で料理に使いだしたのである。すると、中国人の間ではこんな会話があったに違いない。「琉球人のヤギ汁は、中国人、臭いから食べないよ。奴ら、ヤギのホーデンまで食べるクセー舌しかないよぉ。なんでも昆布を入れればいいと思っているアルよ（間違いなく、そうも言ってないと思うけど）」。といった文章の味変をしてみましたが、「沖縄では昆布がないにもかかわらず、食文化として発達してゆき、その消費量は全国一位ではなくなったが、現在も多食され続けている」というのは本当の話です、謝謝!!

一服したところで、北海道の海岸には何処でも昆布は生えているのに、なぜ「日本海側のエゾバフンウニ」だけが特別に美味いのか!?　その答えは、実は単純な理由。それは、「昆布の種類の違い」なんです！　北海道大学の水産学部出身じゃないし、植物学者でもないので北海道の海に生えている昆布について、その種類の細かい種別・亜種や生息地域云々は詳しく覚えていませんが、ガキの頃に学んだ北海道の昆布を分類するとしたら、六種類に分けることが出来ます。味覚の違いでレファレンスするならば、この六つ。

一．『真昆布』　函館・津軽海峡～噴火湾（内浦湾《うちうらわん》・胆振湾《いぶりわん》）で採れる昆布。上品な甘味があって澄んだ出汁がよく出るが、その生息地域にエゾバフンウニの姿はあまり見られない

二．『日高昆布』　日高～襟裳岬《えりもみさき》（太平洋）で採れる昆布。煮ると柔らくなるのでおでんや煮しめ等に向いている食べる昆布

三．『長昆布・厚葉昆布』　釧路～根室（太平洋）で採れる昆布。主に佃煮や昆布巻に使うと良い

食べる昆布

四．『羅臼昆布』 知床半島の辺り（オホーツク海）で採れる昆布。香りがあって柔らかいので、食べる昆布にも出汁昆布にも使える昆布

五．『細布《ほそめ》昆布』 せたな～小樽～留萌（日本海）で採れる昆布。細いが粘りが強く出汁もある。「とろろ昆布」などに使われている

六．『利尻昆布』 利尻島・礼文島・稚内《わっかない》（日本海）辺りの昆布。出汁昆布の最高級品。透明で風味が出る昆布

それ以外に、「松前漬け」などに加工されているとても粘りが強い『ガゴメ昆布』なんかもありますが、その生息地域は函館などごく一部に限られていて、エゾバフンウニがこの昆布で多く生息しているとは言えず、真昆布や他の海藻を食べているので割愛しました。

簡単ではありますが、北海道で採れる昆布の種類と分布を紹介してみましたが、そう、お解りでしょう?! エゾバフンウニが餌として食べて卵巣の身に風味と香りを付ける昆布の中で、一番美味になる昆布の横綱なら、六の『利尻昆布』である。次の大関となると、一の『真昆布』は、上質の出汁が出るんだけど､逆に繊細過ぎるのとエゾバフンウニの生息の数が少ない。となると､四の『羅

臼昆布』か五の『細布昆布』になるが、それを比べれば五の『細布昆布』の方が上。あの「とろろ昆布」の独特の強い出汁と粘りの風味があってウニには向いていると思う。この地帯は、昔から昆布を守るためにウニをそのまま浜の上で山と捨てたほどエゾバフンウニの漁獲量も多かった（一般的にはキタムラサキウニの方が多い）。となると、北海道の「昆布卵（エゾバフンウニ）」の横綱と大関は日本海側の初夏・三ヶ月だけのウニとなり、これが世界一の「至高のウニ」の理由でした。

　だからウニは、バブルの六本木や銀座のオネェちゃんの「やっぱりウニは黄色くて粒が大きいものじゃなきゃダメよね」という、そんな焼きミョウバンで固めた（ウニは、殻か

海霧に浮かぶ利尻富士　　写真:KOBA

ら出すと溶けやすいので、ミョウバンの結晶化の作用を使用している。しかし、どうしても苦みが出て不味くなってしまう）認識を改めるべきです。今や誰もが大好きなウニは、七つ星「テントウムシ」です。皆が愛する益虫「ナナツボシテントウ」は、サナギから生まれた時は、星もなく黄色い体をしていますが、生きる喜びを知ると徐々に体がオレンジ色に変わってゆき七つの星が表れるようになります。そう、ウニもエゾバフンウニのオレンジを知り、生きることの食の喜びを楽しみたいですね。フランス人が選んだ「星一つだの三つだの」のお店よりも、筆者は「テントウムシ」の星の方が好きです。

瓶詰の塩雲丹「一夜漬け」は美味いが高く、昔から小樽の市場なんかに売っている棒状（板状？）になっている塩雲丹（今はロシア産が多い）は千円くらいでリーズナブル（昔は、「すじこ」と同じく遠足のおにぎりの中身に）。それを煮てアルコールを飛ばした白ワインや日本酒で溶かすと、パスタやカルパッチョなどのアテやソースにも使えるので、ネタとしては美味しい情報なのかも。

サッカーもワールドカップなどの大きな大会の試合を観ると、その選手やチームの潜在能力が明らかになる（試合結果は別として）のと同じ様に、獲れたてのウニの殻を割って食べてみると、一発で味の違いが判ります。市場のウニは、木箱に盛る時にウニが溶けないように焼きミョウバン（それが苦かった！）を使用しているので（一時期、流行った海水ウニも添加量は少ないかもしれませんが、基本的には同様だと聞いています）、それ故、〝昔のウニ〟や〝日にちが経ったウニ〟が苦かったり不味かったりしたから、内地ではウニが苦手な人間たちがいたんでしょう。そこで最後に、〝箱パコ〟（流行った〝壁ドン〟の次に生まれた言葉、結婚指輪を「パコっ」と開ける）シリーズの新バージョンの〝雲丹パコ〟ウニの実験も学べる実話を元にした話を――。

その昔、三十五年以上前の七月の夏でした。二十代前半の男女のカップルが、夏休みの旅行で北海道へ行くことになりました。男性は北海道出身で、カップルにとっては結婚する彼女を実家の両親に紹介する目的もあった。女性にとって北海道は、この時が初めてだった。

そんなカップルの旅、初日の夜。男性の実家の食卓には北海道の新鮮な海鮮料理の数々がズラリと並んでいた。しかし、緊張のせいもあるのか、女性は海鮮料理を口に運ぶことが出来ない。特に生のものは殆んど残してしまいました。そう、あの木箱に入ったオレンジ色にも全く箸をつけることなく、食事を終えてしまったのである。確かに男性は、彼女から「貝やウニは好きじゃない、食べられない」と聞かされていましたが、「なんも、なまら新鮮な北海道なら食べられるんじゃないっしょ?」と高を括っていた。そのことを実家には話してなかったのである。だが、それが却って、男性の道産子魂というか、「ええふりこき」のソウル・スピリッツに火を点けることになった。翌日、男性は女性を連れて積丹半島の先端、子供の頃に男性自身が秘境と感動した、海岸の浅海一面が焦げ茶色い突起の生物で敷き詰められた想い出の海へと向かったのである。

——と書いているところで、パソコンの液晶画面には、ブンブンと小刻みな振動音とともに背後に近づいてくる女性の姿が映っていた。電動歯ブラシで歯磨きをしている出勤前の娘である。

娘「電動歯ブラシの振動がピタッと止まる）はは～ん、そのネタをメにしようと企てているのね、パパ？」

父「えっ、このオチ知ってたっけ？」

娘「知ってるってゆうか、オリンピックとかワールドカップみたいに、四年に一度くらい酔っぱらって話しては、『その話やめて、もう何万回も聞いたわよ！』ってママに叱られている話じゃない？　パパが若い頃、ママを連れて積丹の海へ行って、ウニが食べられなかったママに、昆布の海に潜ってエゾバフンウニを採ってきて、ママの目の前で、石で殻をパカッと割り、『これが、本当のウニなんだよ』とオレンジの身を人差し指でママの唇に含ませて食べさせてあげた。それ以来、ママはウニを食べられる様になり、好きになったがために、その後ママをお寿司屋さんへ連れて行く度に『ウニお願いします』と頼むようになったが故に、お勘定が高くつくようになってしまった……。そう、これでもパパは、子供の頃〝河童〟と呼ばれるくらいに潜りが得意だったんだ。ちなみに、カッパ巻の由来は、その切り口が河童の頭の皿のようだという説が有力である、などと必ず通釈付きもある、いつもの話でしょ？　あれっ？　確かパパの〝箱パカ〟の後に、その話で一回怒られているパパの姿が記憶にあるから、今回は二年くらいしか経ってないわね？」

父　「ハイ……。抑揚と話の味わいはないが、説明としてはほぼ完璧です。次回からは、『これが本当のウニなんだよ』の前に、『殻を〝雲丹パカ〟と割り』のところを足しといてくれる？」

娘　「了解。ちなみに、一昨年お姉ちゃんの結婚式で沖縄へ行った時のプールでのパパの姿を思い出したんだけど、子供の頃の〝河童〟の面影は微塵もなかったわね……。泳ぎを忘れたメタボのゴマフアザラシみたいだったわ。そう、前回ブログを書いていた時に覗いた〝イカ〟が云々言って〝墨つき〟が故に〝弘法も筆の誤り〟なんて言っていたけど、今回の〝ウニ〟の話も今のパパの状態でそのオチなら、まさに〝河童の川流れ〟と同じ意味の諺ですよね……っていいのはどう？」

そう言って娘は、再び電動歯ブラシを振動させながら洗面所へと消えて行った……。

娘よ、ありがとう。長々と書いた「昆布卵（ウニ）」の話は、これにてオチとさせていただきます。

自分の姿を諺に投影するとは思いませんでした（最終的には自虐ですか……）。

〈第４章〉

姿平目・味鰈（ヒラメ・カレイ）

誰でも一度くらいは聞いたことがある「左ヒラメ、右カレイ」という言葉。これは一般的に向きを表わしているだけのこと。何が左だか右なんだか、直ぐにピンと理解は出来ないのが正直なところ。正面から見て二つのお目目が上方に寄るよう腹部を手前に置くと、魚体が左を向くのが「ヒラメ」で、右を向いているのが「カレイ」です。例外もあります。「カワガレイ」という汽水域を好むカレイは左を向いているし、ヒラメの種類の中にも右を向いちまっているアバンギャルドなヤツもいる。ちなみに、ヒラメもカレイも生まれてから十日間ほど、二センチくらい迄の稚魚は、普通の魚の様に目が両側面にあります。

もう一つヒラメとカレイの違いを言うなら、海底の砂地に潜り、目だけをキョロキョロと出っ張らせ、密かに餌を待っているのがカレイ。海底で待つだけではなく、海中を泳ぎ、小魚をも捕食するのがヒラメ。でも、そもそもヒラメとカレイの違いなんかどうでもいい。一般的に簡単なイメージで、高級魚がヒラメで安い雑魚がカレイと思っている人が殆んどでしょう。

そこで、この食うんちくが活きてくるということです。大体、ヒラメとカレイで何が違うのか判らないのが普通でしょう。一番の相違は食性。ヒラメは小魚を捕食しますが、カレイはゴカイなどの虫や小エビなどを主食にしています。そう、簡単に言うと「鯛」みたいな食性を持つのがカレイ。ということは?

日本料理の盛付けの基本に、尾頭付きの海魚は腹部を手前に、頭を必ず左にするというルールがあります。そんなわけで、高級店で、姿造りなど見栄えを重んじる料理では積極的にカレイを用いない。さらに、漁獲量でもヒラメはカレイの数分の一と希少なため、養殖モノでさえ高級品（大昔、例えば平安時代で、カレイの方が高級品だったという文献もあるけど……）である。

そうです。タイトル通り、実は「見栄えの姿はヒラメでも、本当は、多種多様な味わいがあって美味しいのがカレイの方だと言いたい。これを植物に例えるなら「桜」でしょうか？　音楽業界が、アーティストのCDセールスを増やすために狙ってしまうのが「桜ソング」です。「ヒラメとカレイ」を桜に例えても、本書の売上げには何の影響もありませんが、ピッタリだったので紹介してみます。

日本人が愛でる桜の象徴的な存在と言えば「ソメイヨシノ」。誰もが認めるところです。でも、その桜という花は固有種や交配種を合せると、何と六百もの種類が確認されています。ソメイヨシノも「エドヒガンザクラ」と「オオシマザクラ」を交配した園芸種で、花は咲かせますが種は出来ない、全てがクローンだということは広く知られているでしょう。そのクローンの木が、日本全国では「う～ん、数百万本くらい？」としか言えないほど、今もどんどん作られ、植えられている。それはまるで、どこかの業界がポジションを確保するなり傍流から主流に衣替え、下種な花を満開に咲かせながら、現在も増殖している「オネエ系」みたい……と勝手に思ってしまう。

とはいえ、日本人は六百種類の桜の中でも、どちらかと言えば白に近い淡いピンクの花を支持している。確かに、ソメイヨシノの開花を待ちわび、満開を喜んだのも束の間、花吹雪の刹那を憂う。このように桜の花を愛でることが出来るなんて、やはり日本人で良かったとは思います。でも、そのソメイヨシが、散り際の潔さといったイメージなしで、桜の花として一番綺麗なのかというと、果たしてど~なんでしょうか？　個人的には、福島の三春滝桜を代表とする「しだれ桜」の、周囲を圧倒する流麗さは見事。その黒い枝と白い花びらの水墨画のようではあるが、視覚の額縁には綺麗なピンクの油絵具で墨痕鮮やかな姿を魅せてくれているように見えた。その圧巻は、自然の絵巻のごとく実に美しいと思う。

また、桜の新世代「陽光」の原宿ファッション的な、桃色濃い目のコケティッシュさも感じてしまうほど色合いは大好きだし、庶民的な桜なら「河津桜」や「大寒桜」の桃色の花弁も好き。そして、人生の中で一番の桜シチュエーションなら「侘び・寂び」たる日本の美意識を感じてしまった箱根の「山桜」。それは、相応しくないゴルフ場での出会い。そのホールとホールが離れていた通路を渡った小さな沢の橋から見えた光景。パブリックの安いコースだったため、設計者が人工的に創り上げた景観ではなく、自然が偶然に与えてくれた賜物の桜だった。ごく小さなチョロチョロと流れ出している滝があり、苔生す岩の前に可憐な山桜が数輪、健気に桃色を咲かせていた。これぞ日本人が愛でる「大和撫子の桜」だと、前ホールでバーディーパットからスリーパットしてボギーを叩いた俗っぽさの思いも忘れるくらい美しい山桜だったと覚えています。そして、こうも言ってしまったのを覚えています。「この味わいを感じる美しい桜に魅せられてしまうと、やはり和の人だから桜を愛でるのはソメイヨシノではなくて、こうゆう桜になっちゃいますよね?」と。
「和の人だから、味わいを感じる……」。そう、桜に例えたフリならば、その流れから当然「ソメイヨシノ」がヒラメであり、それよりも味わいのある他の桜たちがカレイ」ということ。桜の六百種には及ばないが、「カレイ・ヒラメ」の種類も全世界で四十一属百種前後はあり、日本近海だけでも八十種類が生息していると言われています。まさに、日本列島は「ヒラメとカレイが舞い踊る天国」、味覚の竜宮城なのであります。当然、日本で獲れるカレイの中には、皆さんがまだ口にしていない美味しいカレイが多くあるってこと。その食うんちくの幾つか紹介してみましょう。

先ずは「姿平目」の方を語りますれば、幼稚園児だった筆者は『浦島太郎』のお伽噺で、太郎が竜宮城でヒラメを食したかどうかは覚えていませんが、「鯛やヒラメの舞い踊り」の歌を聴き「何で、日本人にとって、白身の魚の代表がこの二つなのか?」と真剣に想った。鯛はともかく、ヒラメについては疑念を抱いておりました。そのフレーズの意味とは全然在らぬ方向へ解釈をしておりました。道産子として真鯛の刺身を食べたことがないから（北海道近海に真鯛はいない。正月の口取りに鯛の尾頭付きはありますが、和菓子だし。御祝事の折詰めには小ぶりな鯛の尾頭付きは入っていましたが、パサパサで美味しいと思ったことがなかった）、未だ食せぬ本物の鯛は、日本一の白身魚で味も王様であるというイメージを持っていた。だから、その鯛と双璧をなしているヒラメがかなり疑問だったのである。

昔から日本人の食生活に不可欠な魚の代表であり、その漁獲も太平洋西部辺りの千島列島・樺太から日本列島・朝鮮半島などの沿岸から東シナ海に至る、かなり冷たい海から意外に温かい海まで、広範囲に生息している魚。食性は超貪欲で、海底のエビやカニなど甲殻類や貝類、ゴカイ類と海中を泳ぐ小魚など雑食だが、体長が大きくなるにつれて鰯などの小魚を捕食するようになってゆく。地方のブランド産地はないものの、長崎は出島のヒラメから瀬戸内のヒラメや銚子沖に続く福島沖のヒラメに青森のヒラメ、そして漁獲量ナンバーワンの北海道のヒラメと有名産地がある。

その旬は「寒ビラメ」という言葉が有名なように、全国的には秋から冬であるが、北海道の場合、寒さで脂がのり過ぎるので秋から冬以外が美味いとされている。江戸前ならぬ小樽前の寿司には、脂がギラギラ過ぎて、そんな風に言われてきた。最近、回転寿司で「サメカレイ」と呼ばれる〝白身魚のトロ〟を売り文句にして、カレイのネタを出しているお店もあるが、これは脂がキツ過ぎて美味しさは半減、刺身で食すには辛くなってしまう。小樽の寿司屋の寒ビラメも同じ感じである。そういう意味では、ヒラメの脂は寿司には向かない身なのではなかろうか。淡泊さと多少の甘みがヒラメの美味しさの武器なのかもしれない。万人好みの味であり、逆に旨味の個性が物足らない。北海道沿岸の市場ではヒラメの刺身も売ってはいるが、多くは「昆布締め」の刺身だったと記憶している（個人的には昆布締めなら「真鱈の昆布締め」の刺身の方が癖のある甘みが強く感じられて好きである）。それが「姿平目」と言い切る、筆者の舌の上での評価である。

　では、「味鰈」のうんちくを幾つか語って参りましょう。まずは、王道「マガレイ」の仲間に属する味鰈から。暖流系の主役、主演女優賞の鰈なら「マコガレイ」の他にない。漢字を充てると「真子鰈」となる。「真子」とは卵のこと。鹿児島や瀬戸内では「アマテ」と呼んでいるように、その言葉の意味である「手が腫れている」のように、鰈らしくないほど魚体がブ厚いことから来ている。それは身の肉も厚いが、その「真子」である卵がパンパンに入っているからでもある。

　また、もう一つ名前を挙げるなら、このマコガレイには学名に「yokohama《よこはま》e」と付いています。これは、東京湾の横浜近海に多く棲息していたことに由来している。昔、日本が誇る食文化「江戸前」

を育んだ豊な東京湾には、このマコガレイが海底で出目をわんさかと光らせながら鈴なり状態だったのである。「子持ちガレイ」の名でも呼ばれていることから、身から卵に栄養が移る晩秋から冬は煮つけが定番で、その煮凝りは美味い。初夏からの暑い季節が旬で、江戸前寿司のネタには最高。生の刺身でも美味いカレイなのである。暖流系の魚なので、北海道では函館の近海でしか獲れない。北海道で獲れるカレイは種類が多いのに、函館の寿司屋はマコガレイを珍重している。

九州・大分県のブランド魚「城下かれい」もマコガレイである。日出町《ひじまち》にある城下海岸近辺は、海底から清らかな淡水が湧き出していることで特殊な汽水域になっており、ミネラルを含んだ淡水系プランクトンも発生している。清水と豊富なプランクトンを捕食して育ったカレイの身は、コリコリした歯触りで泥臭さがなく、カレイの香りを上品に残している。特に四〜五月は藻エビを餌にしているので、肉厚と旨味が最高に仕上がる。江戸時代は庶民が食すると罰せられたことから、別名「殿様魚」と呼ばれていたが、現在は「値段が罪」である。

そう、庶民でもバカ美味い刺身じゃなきゃカレイはカレイじゃない。それと、どうやらカレイの旨味は清らかな真水と海水が混じっている汽水域がポイントのよう。それは後々紹介するとして、マコガレイと同じくマガレイ属の仲間で、全国的にはあまり知られてはいない、北海道カレイの頂点に君臨するエンペラーを紹介。

マガレイ科のカレイは、基本的にどれも美味しい魚です。北海道に春が訪れる頃、日本海側の防波堤では、束釣り（百匹）も可能なほどカレイがよく釣れます。その中でもマガレイが上がると釣り人は喜びます。釣れる魚種としては「マガレイ」「スナガレイ」が中心で、大型の「カワガレイ」も混じる。カレイ以外では、北の海の砂場には「キス」は棲んではいないが、亜種の「メゴチ」の類も釣れたりする。

ややや小ぶりなマガレイとスナガレイの魚体は見た目が非常に似ているが、白い腹の両脇にある黄色い線が長くて濃いのがマガレイで、短くて薄いのがスナガレイである。着ぐるみ業界的には、雑な作りだったがそれが大受けした黄色いキャラクター「ふなっしー」がマガレイで、それをパクった割にはまあまあだが、やっぱりそんなもんの「ねば〜る君」がスナガレイみたいなもんか？　地元の市場やスーパーでも庶民的なお値段で人気のあるのがマガレイである。夕食用に大量に煮つけて、残ったら翌日の朝食で冷えたままの煮凝りを温かいご飯で食べるのが美味しい。また、小ぶりなカレイなので「二度揚げの唐揚げ」で骨まで食べるのがこれまた美味い。スナガレは煮つけるには身が薄いし旨味もからきし。唯一、二度揚げの唐揚げのパクリなら、食卓の雛壇芸人の端っこには並ぶか？

そんな美味なるマガレイ一族の中でも、最も崇高な旨味を誇るカレイのエンペラーがいる。昔から北海道民の誰もが認める高級魚、その名は「クロガシラ」（カレイと付けずに呼んでいる）である。最近、都内スーパーの鮮魚売り場の幾つかでは、北海道産のカレイを入荷している店もちらほら見かけます。目敏い魚好きな方で「あ〜、北海道のクロガレイと書かれているヤツね。煮つけはまあまあじゃない？」と思った方は、「ハイッ、ブーッ」です。それは残念ながら不正解。クロガシラではありません。あなたの「頭《カシラ》」の上に罰ゲームで金ダライが一枚落ちてきます。でも、食材の偏差値的には少し差がありますが、生物学的には、○ではないが△が貰えるほどクロガレイとクロガシラは近親種。どちらもマガレイ科の寒流系のカレイで、見た目は非常に似ているが、頭がデカく、尾っぽに向かってゆく側線の湾曲が大きく、身が全

オホーツクの海　写真:KOBA

体的にブ厚いのがクロガシラである。

　クロガシラは、北海道の沿岸全体（特に日本海沿岸、根室湾、網走付近のオホーツク海沿岸）の水深百メートルより浅い砂礫の底や汽水域に生息しているが、クロガレイは北海道東部（根室湾沿岸や厚岸湾《あっけしわん》）の汽水域だけに、ほぼ一年中生息している。食性はどちらもゴカイ類、甲殻類、軟体類あたりを餌にしているが、クロガシラはウニや小貝も捕食しているという研究例もある。そのせいか、暖流系のマコガレイよりも真子や身は厚く味に深さがあり、「カレイの煮つけ」の食材としては間違いなくナンバーワンである。

　昔から北海道民は、家庭でも飲食店のメニューでも、何故かクロガシラ料理は絶対に煮つけと決めつけていて、どれだけ新鮮で立派な魚体でも、生やその他の調理で食べようとはしなかったんです。何故か？　足が早いと聞いたこともありますが、オホーツクの「オヒョウ」は鮮度が良いと美味いけど足が早過ぎて道央や道南へは現在でも流通されて来ない。それほどでもないはずです。実はクロガシラの刺身が食べられるようになったのは、ホントつい最近のこと。不思議な、北海道民の食における都市伝説の一つだった。ハッキリ言って、鮮度が大切だがクロガシラの刺身は、暖流系のマコガレイより美味いと思っています。

　それと、北海道民が最近まで試しもせずに「猫跨ぎ」と馬鹿にしていたカレイの刺身が、実は意外に美味かったという話があります。次は、その雑魚なカレイを紹介。その和名は「ヌマガレイ」。北海道では、一般的には「カワガレイ」と呼んでいる。そう、前述した日本海沿岸でマガレイを釣る時の外道として紹介した、汽水域に棲んでいるカレイなのに左ヒラメの方向を向いており、結構大型なのに釣り人には全然好まれないカレイです。

確かに、汚れている川では身に臭いを持つし、綺麗な清流で降りたカワガレイでも脂が少なめなので煮たり焼いたりするとパサパサして旨味も全然感じない。しかし、これが活けの刺身にすると、歯ごたえがあってなかなかの美味なのである。ニセコに近い積丹半島の根元にある「鱈の町」岩内町の観光課で太公望と呼ばれている、北海道では有名な「フィッシング＆イート」の名人から「意外と馬鹿んなんないのがカワガレイの刺身。嘘だと思って食べてみたらいいっしょ？　なまら美味いっから」と教えていただきました。レシピ的には、カルパッチョがピッタリな食材だと思いました。

どうやら、大分の城下かれいじゃないけど、カレイは海水とミネラルを含んだ真水が混じった汽水域に棲むヤツが、美味さの偏差値を高く獲得しているようだ。確かに、河口からきれいな水が流れ込んでいる汽水域は、色が変わって海の沖へ向かって帯状に連なっている。そこは海藻などが堆積して、プランクトンが豊富で小エビなどの甲殻類が集まっており、カレイにとっては格好の餌場でもある。そんな汽水域に棲んでいるカレイの仲間に、実はもう一種類、刺身の本命である究極のカレイがいるので紹介したい。

岩内町の食いしん坊な太公望も「白身の刺身の中では、『ハチガラ』に並ぶ美味さだ！」と絶賛していました（ムラゾイの亜種であるハチガラについては、またどこかのパートで紹介します）。それが「イシガレイ」。元々は日本全国の沿岸に生息していて、北は千島列島や樺太から朝鮮半島や中国・台湾までの広い範囲で、浅い海域から汽水域や淡水域まで侵入もするカレイである。その昔は、東京湾でもマコガレイと一緒によく獲れて珍重されていた。体長は五十センチほどで、体には石を思わせる骨質板がゴツゴツと並んでおり、マコガレイの出目とは逆で目がないみたいに言われるし、鱗もないとされている。やや不気味な姿を装っているみたいに思われますが、見た目はそうでもない。そうでもないのが、生殖の不思議。

実は、このイシガレイはヌマガレイ属の魚ではあるが、そのヌマガレイことカワガレイと産卵場所が同じため、その両者の交雑種が生まれてしまうのである。早い話が、イシガレイは色んな産卵場所で雑種が生まれ、様々なイシガレイの亜種が生まれているということ。昔から江戸前でもイシガレイは「死んだものは誰も見向きもしないが、活きの良いヤツなら文句なく高級魚でいッ！」と言いながら洗いや刺身で楽しまれていた魚。活魚くらいの鮮度は注文がつきますが、北の雪どけ水が湧き出してミネラル豊富な浸透水が注いでいる汽水域には、場所によって様々なイシガレイの亜種が育っていて、食いしん坊の太公望を満足させてきたに違ない。それが、刺身のカレイの一番であるイシガレイです。

しかし、「カレイの刺身の一番がソレ?」「カレイ釣りから始めても食べなきゃいけないの?」と、どれだけ遠回りと言われそう。ならば、最後は家庭やお店などで誰もが食することが出来るキング・オブ・キングのカレイを！　北海道の噴火湾から日高・えりも、函館までの道南一帯では、そのカレイを「王鰈《おうちょう》」と呼んでいる。昔は北海道沿岸で年間数十トンもの漁獲があったのだが、近年は十トンにも満たない水揚げになり、一時は「幻の魚」になってしまった。道産子の美食家たちが、梅雨のない初夏に探し求めた王道の鰈――。しかし、十数年前から、その日高や噴火湾の太平洋側や石狩湾の日本海側でも、稚魚の放流を始めたがために、割と食することが出来るようになったカレイがある。刺身でも塩焼でも唐揚げでもなんでも「なまら美味いっしょ?」と道産子が言うカレイの名前は**「マツカワ」**。「マツカワカレイ」とは名付けられてはなく、正式な和名もマツカワである。体長は七十センチほどで、分厚い身を覆っている堅い皮の鱗が、ザラザラしている松の樹皮みたいであるからその名が付いたという。

その肉厚の身は程よく脂がのり、甘みがじわ〜っと滲み出してきて、コリコリシコシコした歯触りがえも言われぬ旨味を強く感じさせる。それは、淡泊だがカレイらしいなぁ〜と感じる美味さの

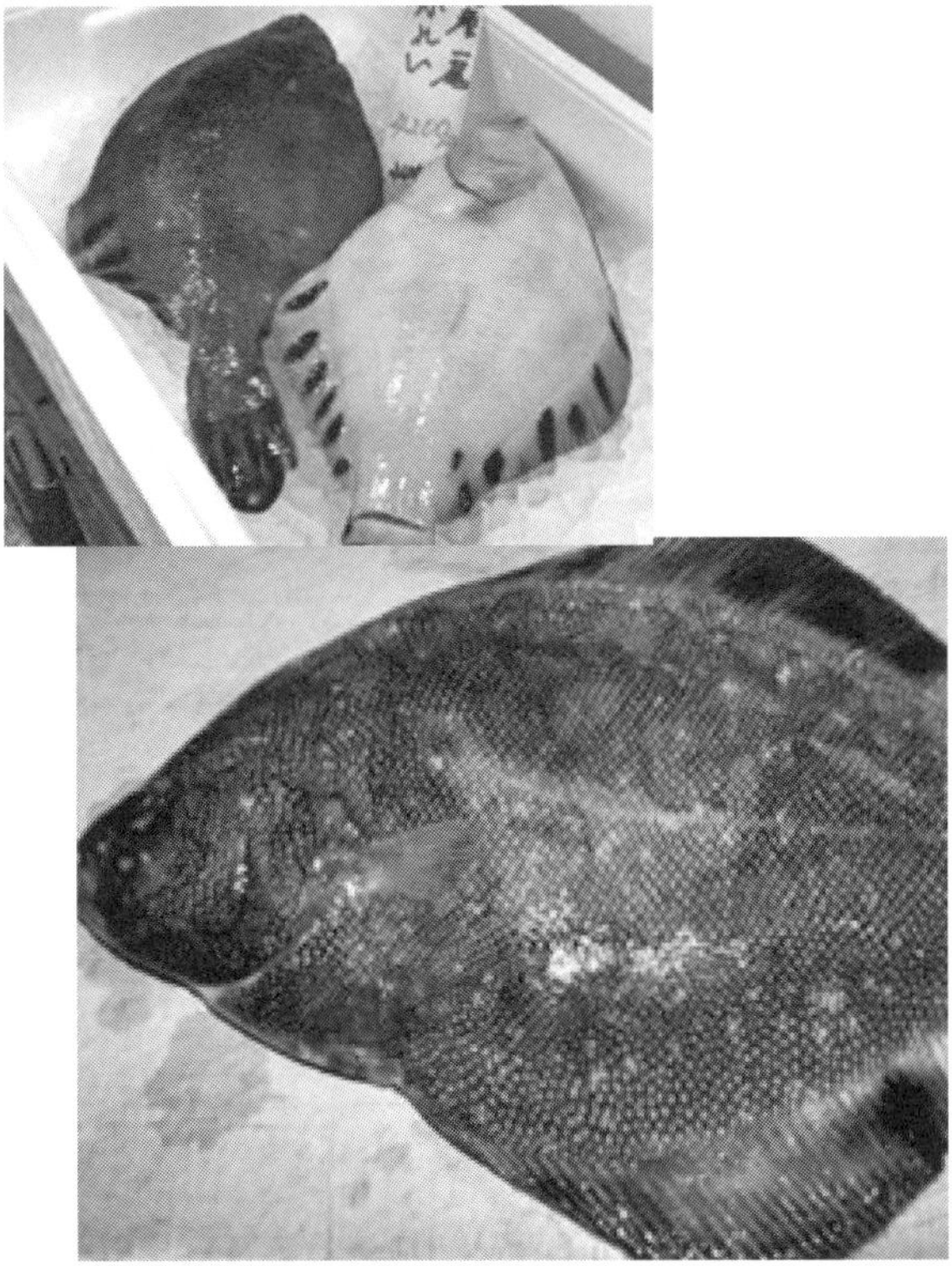

マツカワ　写真：進風株式会社

アイテムであり、その縁側や肝も添えるのなら白身魚最上級の味覚となり、驚くほどに美味なりと来たもんだ！　これぞ「姿平目、味鰈」のコンセプト通り、寒平目をあっさりと凌ぐ王鰈「マツカワ」の美味しさ。それは、もう一種類のカレイとのテール・トゥー・ノーズで競い合う美味頂上決戦である……って、「まだ、他にもあんのかよ!?」と文句を言われる様な、ただクドいだけの下手なサスペンスの謎解きみたいにならないよう、あとの食うんちくはワンポイントで——。

東北地方などの港の市場で活魚ならセリでキロ二万円を超える、漁師が狙っても普段はなかなか揚がってこない「超高級のカレイ」があります。その名前は「ホシガレイ」。ホシガレイは水揚げがあっても、殆んどは高級料亭へ行ってしまうので、地元でもお目にかかれないカレイであり、「その肉厚の身は程よく脂がのり、甘みがじわ～っと滲み出してこりこりシコシコした歯触りで……」ってソレって、マツカワの説明と同じじゃん？　はい、その通り！　実はマツカワとホシガレイは双子のようなもので、ホシガレイはマツカワ属のカレイなんです。

日本列島では東北以北で生息している寒流系のマツカワに対して、積丹半島が北限で南に下って東シナ海にまでも生息を広げている暖流系のホシカレイであり、その姿もソックリである。その二つはまるで「石原裕次郎さん」と「ゆうたろう」くらい似ていて、その違いは持っているブランデーグラスのデカさくらいである（そうかぁ?）。

強いて言えば、マツカワの両側にあるヒレの黒い模様は縞になっているが、ホシガレイのヒレは丸い黒斑になっている。他は、値段の違いくらいか。石原裕次郎さんとゆうたろうのギャラはかなり違うでしょう？「ゆうたろうのマツカワ」は、スーパーでの営業仕事も受けるし、他の素人のカレイに比べれば芸能人価格ですが、味を考えれば相当リーズナブルなのである。また、季節の旬や魚体の大きさ（カレイは単純で、大きさと味が比例しているみたい）はあるが、カレイの唯一のウィークポイントである活きの落ちの早さが味を左右してしまうことを考えれば、南のホシガレイよりは北のマツカワの方が新鮮な食材に出会える機会が多く、個人的にはマツカワの方が美味かった気がします。

北海道新幹線もつながったので、マツカワを函館でリーズナブルに食するのも好いかも？その旬は、真イカの朝イカも獲れ始める季節でもある。梅雨から逃避行したい六月中旬から七月くらいに「爽やかな季節の函館海鮮三昧ツアー」なら、こんなお店からで如何でしょうか。

函館市の中心地、五稜郭にある『マルイ今井』というデパートの交差点から直ぐ近く。殆んど観光を狙っていない、地元のお客さんたちしか行かない『清寿司』という、昭和にありがちな店構えのお寿司屋さんがある。そこの大将は昔からマツカワを仕入れていて、入荷があれば結構安く食べさせてくれるお店。他のカレイは、北海道でも函館なら獲れるマコガレイも出している。また、そのお店はコハダやサバの酢ジメが抜群に上手い。若い頃から大将の酢使いの仕事は「鮮度がいい魚は酢でシメちゃいけない、塩で締めて酢で洗う（飽くまでもイメージであり、ある程度は酢で締めるけどね）と、そんな針小棒大なキャッチを使いたくなるほど見事な匠の技である。

宿は、すぐ近くにあるプチホテルの『シエナ五稜郭』が良い。もう随分と古くなったけど、今でもお洒落な雰囲気が残っているはず。しかも、宿泊料が昔からお洒落でプチなのが最高（今でもシングル一泊三千五百円位だと思う）。ここに泊まって、朝六時からやってる『花園温泉』（四百円）へ。塩サウナでツルツルになったら、朝市（道南

函館の朝市　　写真 :KOBA

食堂はありませんが）で朝イカ定食を楽しみ、昼は函館競馬場のこれも今は亡き旧スタンドの二階にあった『大寿司』の真っ黒い醤油ラーメン。夕方はホテルに近い『乃木温泉なごみ』（四百三十円）でひとっ風呂。喉をカラカラにさせてから『清寿司』でグビグビでガバガバと舌鼓がそれほど無理しない懐には優しいツアーです。「姿平目、味鰈」の試しを実践したい方は是非。

刺身に洗いやカルパッチョなど、生が美味いカレイを紹介してきたが、魚には個性が強すぎて、生ではとても食えないが、干物や発酵モノで食の潜在能力を発揮するヤツもいます。そんな「いい味出してる」カレイに注目し、美味しいうんちくしてみます。

そいつの名前は「ババガレイ」。その名前の由来は「外見が薄汚れていて、皮がぶよぶよしているところが、太った老婆に見えるから」という説が有力だが、今も昔もブヨブヨなのは中年のオバハンであって、老婆は太っていないのだから、どちらかと言えば「ババっちい」や「泡を吹いていて触りたくないほど汚さそう」の方が有力な気がします。他の地方名は「アブクガレイ」「アワフキ」「テンカンカレイ」「シャボン」など有難くないネーミングのオンパレードで、それは魚体の表面を覆っている頑固な粘液のため。

そのカレイを獲る漁師さんが、「水揚げしたババガレイを魚箱へ入れたとたん、そこはマリリン・

モンローが入った泡風呂のようにシャボンのお山だった……」と言ってくれたら嬉しいけど。このババガレイは鮮度が良いほどヌルヌルが多く、アワアワになっちゃうそうです（ちなみに、何でマリリン・モンローなのかというと、ババガレイの小さめのお口が、タラコ唇風にぷっくりとして色っぽく可愛いからで、個人的には菜々緒の下唇の方が好みで旬だと思うんだけど、鳥羽一郎さんの様な漁師のイメージだとマリリンが良いかと。ババガレイには、全く余計なうんちくですが……）。

魚屋さんや料理人泣かせの頑固な粘液は、洗っても洗っても消えず、仕舞いには泡出ってしまうから始末が悪いけど、その身はコラーゲンがたっぷりで、料理法では煮つけ・焼き物・蒸し物だが、一般的な表現をすれば「高級料亭の味」を堪能できる食材である。東北の三陸では、大晦日の年取りの魚として珍重していて「めっぽう美味いが、めっぽう高い魚」という高級魚になり始めているらしい。しかし、北海道の日本海側では愛らしさを込めて「ナメタ」と呼び、殆んどは干物で食べられている。

また、強い癖があるために他の料理には向かず、干物でしか姿を見せない「宗八ガレイ」がいる。ナメタと宗八は北海道のカレイ干物界の二大巨頭として、魚屋の店先でホッケの横に並んでいる。地元民は宗八の独特の癖を好む傾向がありますが、一般的には「淡白な分厚い身と縁側の豊富なコラーゲンやデカい卵などがあるナメタの方が好まれている。超高級品である「ヤナギガレイの一夜干し」の上品な味を一応感じながらも、イマイチ旨味が足らないと感じるのは、ガキの頃から宗八やナメタを知っていた所為なのか。ナメタならヤナギガレイの倍以上の大きさで値は半分以下、宗八なら十枚買ってもお釣りが来る。それでもヤナギガレイより遥かに上の味だと思う。

オマケなのに前段のフリが長くなってしまった。そんなナメタの干物の、新しくもバカウマなレシピと料理を提供するお店を紹介します。近年、食材の鮮度を保つ冷凍や輸送の技術革新とともに、大昔からある、保存しつつも旨味を増やす発酵物や干物が再び注目されています。そんな注目にピッタリなのがコレ。なんと「ナメタガレイの干物のムニエル」です！

「ヒラメのムニエル」（正確には種類が別の「舌平目」ですが……）は昔からのフレンチの定番料理ですが、本場は勿論のこと日本の洋食や創作和食でも、さすがに干物の魚をムニエルするレシピに遭遇したことはないはず。それは、干物なのに身が分厚くてコラーゲンたっぷりな「ナメタ（バガレイ）の干物」だから出来る食の技。干物の味の深みと複雑さが浸み出したムニエル、創作が新感覚の美味しさを醸し出している。しかし一口食べてみると、なんとなく懐かしく安心する旨味を感じる。斬新な洋食の範疇なんですけど、それはやはり素材を活かした和食の一品であることが感じられます。

その「ナメタの干物のムニエル」を食べられるお店は、北海道新幹線の新函館北斗駅から北へ四十五分ほどの新小樽駅で降り、『ビストロ小泉』で。といっても、北海道新幹線で小樽へ行けるのはまだ随分先のことで、マスターが「それまで生きてるか分かんないから早く来い！　飲んだあとの〆は『今は亡き伝説の小樽味噌ラーメン』も食わさせてやるから……」と言っておりました。行ったら「なまら美味いっしょ、アキラさん！」と豚も木に登るように煽てると、色んな美味いもんが出てくるし、「ナメタガレイの干物をお土産に買って帰ろうかと思っているんですよ」と言えば、ムニエルのレシピも教えてくれるかも。

ちなみに、ナメタガレイの語源は、舐められるとベロベロになるみたいだから……という説が多分正しいとは思いますが、このお店の料理を食するならば、その語源は「あまり美味すぎて皿までナメたくなるほど」が宜しいかも。このお店のマスターが言っていた「伝説の北海道の味噌ラーメン」を思い出してしまったので、次は、北海道のラーメンの美味しいうんちくを。

〈第５章〉

「糸末三平」と「初代は一番が富公」
（札幌味噌ラーメンと北海道醤油ラーメン）

パリでは誰もが洋服を十着以上は持っているに違いないフランス人が作ったグルメガイドで巣鴨のラーメン屋が「星一つ」を獲ったと、日本のテレビや雑誌が大層取り上げて「あのミシュランに、なんとラーメン店が載りました！」と大騒ぎしておりましたが、その出版の当然の流れと狙いは、日本でも大人気だったフランス人女優ソフィー・マルソーが「そろそろヌード写真でも出しときましょうか?」みたいなもの（全然違うって!?）。

てやんでぇ！ 我らが愛する食のアイドル「ラーメン」は日本が誇る「和食」、それも超が付くほどの優等生である。日本のアニメ・マンガ同様に「ザ・ジャパン・ヌードル」の「Ramen」は、ヨーロッパを中心に世界を席巻し始めているらしいですが、その獣臭さが消えない豚骨系ラーメンを好み、日本酒の「ぬる燗」みたいなスープじゃなきゃ食することが出来ないバカ舌のライオンみたいな（ネコ科なのでライオンも猫舌ざんす）外国人のラーメンをすする「ズルズル」も「チュルチュル」も様にならないSlurp《スラープ》（＝音を立てて食べる・飲む）姿は、見ていて「猫跨ぎ」状態。「全くもって粋じゃねぇやい！」であります。

ガキの頃から北海道ラーメンの美味しさを食べるために、丼に浮かんでいる焼けたラードで口の中を一皮ベロっと剥く火傷をしながらも「ズススーッ」と丼をすすった（昔は、ラーメンにはレンゲが付いてなかったはず……）筆者だけに、ラーメンにはかなり譲れない拘りがあります。

ちなみに、ミシュランに載った巣鴨の『蔦《つた》』へは、掲載される半年くらい前に行かせて頂きました。『蔦』という店名は御店主の家紋から採っているらしく、たまたま筆者の実家の家紋が「蔦にマル」なので気にはなっていたし、美味しさの雰囲気を醸し出していると感じてはいましたが、既に行列が出来る人気店になり始めてはいたものの、噂が強烈に耳に入るほどの情報はなかったがために、わざわざ年寄りの原宿までは足を運ぶことがありませんでした。

それ故、当時は「これから先のラーメンの流れは、間違いなくイタリアンの要素が入るラーメンかも……。ポルチーニやトリフも含んだキノコをポイントに使ってみたりして、スープはやり過ぎた魚介の強い魚臭さの味じゃなくて、こっちの魚貝のエッセンスを使ってみたりするんじゃないかなぁ〜」と娘や友人たちには語っていたので、娘と休みが合った日に誘ったラーメン遠征は、実は幡ヶ谷の『金色不如帰《こんじきほととぎす》』の蛤ベースのスープを試しに行ってみようかと思ったんですが、生憎お休みだったために急遽ピンチヒッターの『蔦』へ向かった次第です。

だが、まるで伝説のTV番組『オレたちひょうきん族』の人気コーナー「タケちゃんマン」の中で高田純次さん演じるブラックデビルを、急遽ピンチヒッターになったさんまさんが、それをキッカケにトップへと登り詰めたごとく（例が古いか?:）、そのラーメンはイタリアン要素そのままではなかったんですが、僭越ながらも個人的に思い願っていたラーメンの新しい方向をイメージしたモノとかなり近い一杯であり、卓越した料理人だからこそ知りうる超絶技巧を駆使しながらもバランスの整った、表面的には優しくてとても素敵な美味しいラーメンでした。

一緒に付き合ってくれた娘も「あの時は行列も苦にならなかったけど、今は行っても大変でしょうね。でも、もう一回食べてみたい」と言う『蔦』。北海道へ渡った祖先から六代目か七代目になっている娘は、家紋から採ったラーメン店の『蔦』に、娘自らの家紋である「蔦にマル」のように「○」を付けていたみたいです。なんて上手いことも言っちゃいましが、この『蔦』のラーメンに関してはこのラーメンを選んだミシュランは「○」です。そんなラーメン好き親子は、また新たなる超ファンキーな家紋の一杯を見つけたので、それは本章のラストに繋げる伏線と思ってお待ち下さい。

そんで伏線のためにもう一発、少し前のテレビ番組や雑誌なんかによく使っていたうんちくクイズを。「日本で最初にラーメンを食べた有名人は誰?」で、答えは「水戸光圀《みとみつくに》こと、あの水戸黄門様である!」ってヤツ。それは、由美かおるさんが入浴シーンを五十代過ぎてもやっていたというよりも驚きがない散々擦り過ぎているネタですけど、本章の伏線には必要なので紹介してみます。

最近、鎌倉幕府の成立は「イイクニつくろう」の一一九二年ではなく一一八〇年、聖徳太子は「憲法十七条」や「冠位十二階の制定」もやってなくて、昔の一万円の肖像画は本人じゃない、といった日本史の誤りを正すネタが流行りですが、映画『ビリギャル』(東宝)の台詞の聖徳太子を「セイトクタコさん」は今年だったらボツだったかも。「日本初のラーメンを食べた水戸黄門」の誤りネタはまだ出ていないし、一応『日乗上人日記』という書物に記載があるので大丈夫かと。

一六九七年六月十六日、自らうどんを打つほどの無類の麺好きだった黄門さんは、長崎へ亡命した当時の中国である明の儒学者を水戸藩へ招き、レシピを聞いて作ったのが日本初のラーメンらしい。麺は、今の茨城県も生産量日本一のレンコンのでん粉から作り、スープの方には五辛というニンニク・ショウガ・ニラ・ネギ・ラッキョウの五臓の気を発する薬味を添えるように勧められたようだ。その黄門様の日本初のラーメンをイメージすると、それは拉麺の中華麺でもないし、煮干しの和風ラーメンでもない。その薬味は生ではあるが東南アジアから西アジア方面へ向かっている薬膳的なスパイシーラーメンを想像してしまうのは筆者だけでしょうか？

で、その黄門様のラーメンは果たして美味かったのか？　水戸のお店に復元させたラーメンがあるらしいが、それほど話題になっていないので、こんな風に……。

そのラーメンを食べに行った観光客に扮した悪代官がラーメン丼のスープを飲み干した。その途端に丼の底には葵の家紋があって、助さん格さんを連れた黄門一行が現れて、

「頭が高い！　この紋所が見えぬか！　先の副将軍水戸光圀公であらせられるラーメンである‼」

「かぁかぁかぁかぁ（笑）」

すると、黄門一行イチのグルメ、日本各地の美味しい物だけは詳しいが出番的には美味しくない「うっかり八兵衛」がその名の通りうっかりしてラーメンの丼に指を突っ込んでしまい「アチッアチチチッ」とコケてラーメン丼ごと黄門様のモンペ（？）にひっくり返してしまうが、黄門様は「かぁかぁかぁ（笑）」といったパフォーマンス付きランチメニューだったら如何でしょうか？

そんな個人的な勝手の思いはどーでもよくて、この後は昭和のTVドラマで国民的人気歴史キャラクターになった人物が、日本で最初に食してから三百年以上も経った現在、ラーメンは国民的な人気グルメになって今も進化しているという、まるで昭和のオバケ視聴率番組みたいなラーメンを紐解いて、頭に美味しいうんちくを綴ってみましょう。その進化形のラストシーンは、驚きの「家紋」がポイントです。

さて、黄門様のラーメン誕生は三百年前だとして、現在の基本形である「ラーメンの夜明け」と呼べるのは百年ほど前。ラーメン界の坂本龍馬こと、東京浅草に一九一〇年（明治四十三年）に開いた日本人向けの中華料理店『来々軒』のオーナー・尾崎貫一さんが横浜中華街の中国人料理人十二人を雇って料理させた「南京ソバ・支那ソバ」というメニューが元年だったと思われます。昭和の戦前生まれや戦後生まれなら『来々軒』という名称は中華料理店の代名詞の様なもの。昔は日本全国にどれだけの『来々軒』と店名にした中華屋さんがあったか。それほど偉大な『来々軒』が、ラーメンのクンタキンテ（クンタキンテを「ルーツ」と理解できるのは、この世代たち）である。

　しかし、先程あった通り『来々軒』では汁ソバを南京ソバや支那ソバと呼んでいて、「ラーメン」という名称が生まれたのはまたその後である。ラーメンの由来には三つの説がある。一つは中国西北部、手を引っ張って細長くした麺から付けた「拉麺《ラーミェン》」。二つはカンスイ麺を用いた中国風汁ソバから来た「老麺《ラオミェン》」。それと北海道出身なのでガキの頃から聞かされていた「北海道・札幌の『竹屋食堂』のラー説」である。三つ目の由来は、北海道大学の前に開店した『竹屋食堂』というお店が支那料理を始めたことによって生まれた説であり、その店主の奥さん・大久たつさんが厨房で中国料理人たちがよく使っていた言葉「好了《ハイラー》」という発音のアクセントをえらく気に入ったがために「ラー（の）麺」となった説である。これが一番遠い感じもするが、ガキだったせいか逆に本当らしく感じたのは覚えている。

　その『竹屋食堂』の開店は、浅草の『来々軒』の一回り後の一九二二年（大正十一年）だったので、北海道ではこの竹屋のラーメンが「札幌ラーメンの元祖」と呼ばれているが、最初に出していたのは肉絲麺《ロースーミェン》で豚のもも肉とネギを細切りにした塩味の中華麺。その後、焼き豚やメンマとネギを入れるようになったらしいが、どっちにしても現在の札幌ラーメンと呼ばれている物とはかなりイメージが違う。ラーメンという名称はそうだったかもしれないが、明治の初期に北海道へ最初にラーメンの類が伝来して、日本風にアレンジされていった町は函館と言われているし、小樽という者もいる。港から入ったことは確かである。

そんな感じで、ラーメンの名称の由来も「札幌ラーメンの元祖」のラーメン丼の中身も、北海道のパウダースノーで白く綺麗に積もってあやふやな部分がありますが、ラーメンが全国的にブームになるキッカケになったのは、間違いなく昭和四十年代頃の「札幌ラーメンの味噌ラーメンブーム」があったからである。それまでは、東京や北海道と九州の一部の地域はラーメンの食文化が進んではおりましたが、関西や四国は勿論のこと他の各地でも「ラーメンが美味い」という認識はなかったのである。

その**「札幌味噌ラーメン」**の、当時としては太めだった黄色く縮れている中太麺の腰がとても強く味のある玉子麺に、豚骨と昆布や魚介の出汁を出してその表面をラードで覆ったニンニクや野菜のエキスが利いた濃厚だがあっさりしたスープ。その上には野菜・挽肉などの具材を中華鍋で炒めてどっさりのせた、麺とスープと具のバランスが見事に考えられていた新しいラーメン。その美味しさの三位一体を丼へ注いでいた札幌味噌ラーメンは、まさに革新的な麻薬的な美食として全国的にブームになったのである。

当時有名になったすすきののラーメン横丁のお店なんかでは、一日に千杯近くも売っていたそう（狭い店の小さいズンドウで、それだけ売っていたからドンドン味が落ちていった。だから地元民は誰も行かなかったけど）。こんな「札幌ラーメンブーム」があったから、その後の「荻窪ラーメンブーム」「豚骨ラーメンブーム」「環七ラーメンブーム」「Wスープブーム」などの様々なラーメンブームが生まれて来たのである。

そして、そんな札幌味噌ラーメンの代名詞と言える二つのお店が、このコーナーのタイトルになった『糸末』と『味の三平』という伝説のお店です。その二店についてはこの後に幾つか出てきますが、こんなに振っておきながらも、なんと「北海道ラーメンは味噌味よりも、もっと凄いラーメンがあった!?」に纏わる伝説の美味しいエピソードを紹介してみます。

先程書いた通り「札幌味噌ラーメン」がブームになったのは一九六〇~七〇年頃であり、筆者が味噌ラーメンのアツアツと遭遇したのは小学校に入ってから結構後のこと。それまでの昭和三十年代の北海道ラーメンは、中華料理の汁ソバから派生した独自の中華麺や、東京風の煮干しや昆布などの魚介を出汁に使った支那ソバ風のラーメンでした。その後、札幌ラーメンや旭川ラーメンといった美味しい進化形が出てくる前の時代の北海道ラーメンは百花繚乱で、色んな美味いラーメンがあったのは小樽のラーメンだったような気がします。

それ故、筆者も小学生の頃から、まだ賑やかだった小樽の街で、〝美味しいラーメン巡り〟をしながら舌を満足させておりました。その頃の小樽のラーメンには、三つの流れがありました。一つ目に『来々軒』（あの日本の中華料理店の代名詞の店名が小樽にもあり、でもそのお店は本当にバツグンに美味い超名店だったんです）で、その厨房でラーメンを学んだ日本人の弟子たちが、それぞれに作った中華系の醤油ラーメンの店です。その代表格が『ニュー琴美』などの全然脂っこくないけどしっかり美味いラードがあって熱いラーメン。今となってはどこも閉店してしまっているが、その系譜で今も残っているのが『時来軒』というお店です。

二つ目に、『来々軒』の系譜から枝分かれし、オリジナルの野菜ラーメンを作った『桂苑』や『五十番菜館』。東京に何店舗もお店を出している大阪の『神座』のラーメンは、その二店がルーツじゃないかと思うほどコンセプトがそっくり。まだ大阪のミナミでビニールシートを屋根にしていた頃、大阪のＴＶ局のディレクターから、「流行っているよ」と聞いて食べに行ったら、それは驚いてしまった。「なんじゃあ、小樽の『桂苑』のパクリみたいじゃん⁉」と、それくらい似ていた。白菜を入れ、脂を活かした塩味は瓜二つだが、ニラのトッピングは必要なくてスープの出汁が強くあって、アチッアチチッというほど熱くはないのが小樽のラーメンとの違い。小樽の二店は、今もあります。

そして三つ目に、『虎の目』という魚介系のラーメン店です。東京・荻窪『春木屋』のような煮干しを隠し味にしていたラーメンですが、その系統の店は、残念ながら現在の小樽の町には思いつくお店はありません。

そんな三つのスタイル以外にも、チョイ『ラーメン二郎』の匂いがする『悟空ラーメン』など幾つか違うスタイルのラーメンもありましたが、どれもが別々なタイプの様々な味のラーメンではありつつも、なぜか共通しているのは「良質のラード」をしっかり入れていて、口の中が火傷するほど「熱～いラーメン」だったということ。それともう一つは、「替え玉」のスタイルが生まれた九州ラーメンの個性を持たせずに濃厚な豚骨スープだけで食べさせてしまう麺とは対極にある、出汁やラードの濃厚スープでも決して負けず自己主張する味がある麺だったということです。こうして、小樽の様々なラーメン・スタイルが育みつつ進化して、その後は小樽っ子の伝説だった『一番』という行列ラーメン店、札幌味噌ラーメンの流れも独自に進化した『つかさ』や『菊や』などの小樽風味噌ラーメンも美味さを発展させてゆきました。

そんな小樽や札幌なんかよりも物凄～い寒い旭川ラーメンもラードが効いた独自な**「北海道醤油ラーメン」**のスタイルを育てていた。その代表格が、昭和二十二年開店の元々は蜂蜜を使用したアイスクリーム屋だった老舗店『蜂屋』。一九九九年に横浜ラーメン館にも出店したことがあり、焦がしラードが癖になる、味わい深く暖かくなるラーメン。もう一店、屋台から始まった『青葉』の魚介独特の旨味と酸味のスープに油膜を覆ったラーメンがあり、この二つのスタイルが旭川の醤油ラーメンの基本となり広がっていった。

一時、都内でもブームになった『山頭火』も出身は旭川ラーメン。オーナーはポケットにいつも化学調味料の瓶を持参するのが有名で「コレかけりゃ、なんでも美味い」が口癖の社長さん。確かに自然の出汁に拘ってイマイチ美味くないのなら化学調味料を使って美味い方がずっと良いかと筆者も思いますが、あくまでも個人の好みからすれば、『山頭火』のラーメンはラーメン・パフォーマンスのアイデアがまるで「穿いてますよ」みたいなラーメンでした（「とにかく明るい安川」

天に続く道　　　写真:KOBA

も旭川出身です）。

六本木ミッドタウン向かいのドラム缶ラーメン『天鳳』も、本店は札幌ラーメン横丁にあるが、あの一・三・五（一は麺硬く・三は油っこく・五はしょっぱい。二・四・六はその反対だが、それ喰うヤツはいない）なんかは旭川ラーメンの範疇です（今は違うかもしれませんが、北海道の本店よりも東京の支店の方が美味かったのは良き時代の六本木、テレビ業界関係を知っているラーメン店です）。

また、西麻布には博多ラーメンなんですが、嘗て東京でもあった豚骨ブームの前からやっていた『赤のれん』というお店があり、その豚骨ラーメンは東京人の好みを考えてかなりアレンジを工夫した博多ラーメン。獣臭さを抑えて出汁も加えた濃厚だが食べやすいスープは、地元の本店よりも美味いと噂になった。地元の懐かしさでチェックの柄を着ていた奴らや〇〇カットをした彼女など地元福岡県出身の芸能人たちもそう言っていました）。ちなみに、北海道ラーメンを「味噌が札幌、醤油は旭川、そして塩なら函館」とよく言われておりますが、残念ながら個人的には函館で美味い塩ラーメンに出会ったことは一度もありません。食的には大好きな函館ですが、食の女神が多くいるゆえに浮気をし過ぎるためなのか？

さて、北海道では筆者の親たちが子供時代だった昭和の初期から、中華食堂のラーメンを真似しながら各家庭でもそれぞれのラーメンを作って食べていたようです。寒い季節が長い北の国、半年間もストーブを離すことが出来ない北海道だから、その上のスペースを上手に利用して大きな鍋の中に豚骨や鶏ガラを入れて、ラーメン用のスープをコトコト作っていたという話は聞いております。北海道的な「お婆ちゃんの料理」が我が家のラーメンだったりもした。

筆者の母が結婚前に父の家へ行った時のこと。父の母親である筆者の祖母がよく作ってくれた料理はラーメンだったそうで、その醤油ラーメンの美味しさには驚きだったそうである。そのラーメンは具にチャーシューの焼き豚ではなく、牛のスジ肉がのっかっていたそうだ。母もそれが珍しく、母曰く「父ちゃん（父）の優しい心と同じくらい、柔くて蕩けるほど美味しくて愛したラーメンだった」という話を何度も聞かされていました。

しかし、自分が子供の頃は、北海道のお肉屋さんで牛肉を売っていたお店なんかはなかった。そう、関東と同じく豚肉文化だったのである。北海道では酪農で乳牛が多くいることから牛のイメージはあるが、その頃に食肉用の牛を飼っていた牧場なんかは殆んどなかったはず。だから、スジ肉とはいえ手に入れてラーメンに入れていたというのは驚きでした。当時でもごく一部の人間たちは、年老いて乳が出なくなったホルスタインをドライエイジングの熟成肉にして食べていたのは知っておりましたが、祖母が炊いたその牛スジ肉をラーメンにしていたというのなら、なんかお婆ちゃん、「八イカラさん」です。まぁ、とにかく牛スジ肉まで使った道産子のラーメン好きは、大昔の頃から本物だったようである。

そして、戦後の高度成長期。繁華街ススキノでは出張族のサラリーマンで毎日朝までお祭り状態。はしご酒の〆はラーメンが定番となり、札幌味噌ラーメンの登場や「ススキノのラーメン横丁」なんかの影響もあり、北海道のラーメンは全国的に有名になった時代だった。そんな時代に名店も幾つか生まれてきた。その名店の中でも本物のラーメン好きの道産子なら誰もが知っている、そのラーメン丼の前で、「皆ンな誰もが、唸った」と普通はそう言いますが、この場合はそうじゃなくて「皆ンな誰もが、黙っていた!?」という「伝説の名店」の話を紹介してみたい。

その前に、札幌味噌ラーメン（このコーナーのタイトルをまだ説明してなかった）のブームをつくり上げた創成期の名店を。札幌味噌ラーメンの創成期には欠かせない、そのブームの中で2トップを張っていた名店がありきます。その一つは『糸末』というお店（最近、『糸末』の使用をご家族に頼み込んで始めた新しいオーナーの復刻店もありますが、『糸末』の流れを受け継いでいて、尚且つ進化している『喜来登』というラーメンは札幌ラーメンらしくてとても美味しい。筆者も大好きなお店だから後程紹介を)。それと、味噌ラーメンを屋台で考案したのが、2トップのもう一つのお店『味の三平』。ラーメン本やラーメン通から必ず出てくる名前。その創業者・大宮守人さんが始めたのが札幌味噌ラーメンのルーツとされています。

『味の三平』の誕生によって札幌味噌ラーメンは大ブームになってゆきますが、その三平ラーメンって、実は出汁が効いていてしょっぱさはあったものの味噌味の割には意外にアッサリしていた味噌ラーメンだった(当時としては濃かったのかも知れませんが)と思います。それに対して、味噌の味も濃く(と言っても決して赤味噌ではなく白味噌。とは言っても京都なんかの甘い白味噌ではなく、ごく一般的な関東なんかと同じの北海道の味噌)、ニンニクの匂いや油・出汁も強かったのが『糸末』の味噌ラーメンで、一気に道産子の心というか胃袋を奪って、後続ながら2トップの一角へと伸し上がって行った。

狸小路と大通りの間にあった木製の引き扉を開けると湯気の先には小柄な店長の姿、その後、狸小路のWINSの一階に入っていたころのお母さん(亡くなった店長の奥様)の姿あり、美味しい思い出がある。若い頃は味噌ラーメンに半ライスやオニギリを頼むのだが、何故かそれに付いている「たくわん」が妙に美味くて堪らなかった思い出がある。また、その頃は『喜来登』のマスターが厨房にいたんだなぁ~と思ったりもする『糸末』には個人的な思い入れがかなり強いんですが、この先は、もう一つの『味の三平』から派生したお店にスポットを当ててみます。

その味噌ラーメンの産みの親である大宮守人さんを師匠と仰った（『味の三平』の厨房で修行をされていたのかは分かりませんが、大宮さんの葬儀でそんな感じの弔辞を述べたという話は噂で聞いています）北海道のラーメン界に於いてナンバーワンの、超が付くほどの伝説の名店があります！そのお店の名前は『富公』、そして店主の菅原富雄さんであります。

外の行列を進んでやっとの思いで店内に入り、カウンター席の後方にあるベンチに座る。「今日は何味にするか」と思いつつも、「やっぱり醤油か」という独白を覚えていると最初の驚きに遭遇する。カウンター席に座った客の頭越しに炎が立ち上るのである。店主・菅原さんの挽肉とモヤシのフランベの中華フライパンの舞いである。そして、漸くとカウンターの客が食べ終えて席が空いても待ちつつ店主の命令で席に着いて、なんとかラーメンの注文を終えホッとして黙って待つこと。先程のフランベの儀式を終えた後に、目の前には火傷するほど熱いラーメンが運ばれてくる。そう、その店主・菅原さんの親指がスープに入っている赤茶色のラーメン丼が前に置かれるのである。堪らない至福の瞬間である。その丼一面には薄い膜が張っていて、豚骨の濁ったスープが旨味の湯気になって食欲を招いている。先程、お店の天井を燃やすほど炎が立ち上がった中華鍋で大量のラードを廻してフランベしたモヤシが、丼のド真ん中で多めに踊っている。それは、誰も拒むことが出来ないほどの魔性を秘めた食のポン引き。その強いニンニクの匂いでトランス状態にさせられてしまう。もはや「菅原マジック」の完全な虜である。

「もう我慢ならぬ。熱かろうが火傷しようが、このラーメンをキスしながらワッシワッシ喰っちまうぞ！　そう、ただひたすら黙って喰うぞ〜っ！」

といった様な、これが『富公』の伝説のラーメン。まるで新興宗教にでも入っちゃったほど、それを一度でも知ったら絶対に抜けることができない『富公』信者になってしまう。まぁとにかく、「美味いラーメン」には絶対に不可欠なクセになるほどバカ美味い、超ビックリな驚きのラーメンでした。しかし、『富公』の驚きは、ラーメンの味だけではありませんでした。店主・菅原さん自体の「うまみ」が、とにかく最高の味だったのであります。先程チラっと書いた、『富公』の丼を前にする時、「誰もが唸るほど……じゃなくて、誰もが黙った」がキーポイント。では、店主・菅原さんの「いい味出している」伝説の数々を紹介してみましょう。

札幌のアーケード商店街・狸小路の少し外れの7丁目に、一年中開店前から既に客が必ず行列しているのが『富公』。その暖簾を潜ると店内には、店主・菅原さんがラーメン作りのパフォーマンスをするためにフロアーが少し高くなっているお立ち台のようなホールがあり、その前には客のカウンター、その後ろには客が並んで待つ座席がありました。そんなお立ち台には、店主・菅原さんが北海道の真冬でも一年中半袖のシャツ姿で、またお足の方は四六時中素足の高下駄をカランカランと履いて一人で居られました（奥の調理場には二〜三名のスタッフがいたと思いますが、目隠しで中が見えないようになっていた。これも、ラーメン・パフーマンスの世界観創りだったと思われます？）。そう、「頑固親父で変人だけど、味はいいっしょ！」が、道産子誰もが言いたかった台詞。その愛すべき、「昭和の頑固親父」を絵に描いたような人、そうなんだけどかなり賢くてウィットも備えているラーメン職人。そんな菅原さんのパフォーマンスの数々、見たり聞いたりしたエピソードの幾つかを挙げてみます。

店内では客の私語は禁止。行動も店主・菅原さんの命令口調の指示がないと勝手には動けないのです。たとえば、カウンターの後ろで待っているお客は、席が空いても菅原さんから「そこっ」と手招きをしてくれないと、その座席には座ることが出来ないのだ。ある日、初めて来たのかそのことを知らない男（少し態度がデカい客）が勝手にカウンターに座ってしまったんだが、その時の菅原さんは、敢えて叱ることはなく完全に無視を決め込む。男が何回も注文してもラーメンは絶対に作らず、男が帰るまでカウンター席にずっと座らせていた。

テレビの取材は一切断ります。そのテレビ局のスタッフが連れてきた北海道遠征でやってきたプロ野球のスター選手たちでも、彼らがうるさく会話していたのを見かねた菅原さんは、「図体がデカいだけのヤツが食うラーメンなら他の店へ行け。お前たちに食わすラーメンはない！」とばかりに、即刻お店から追い出した。

客たちが唯一言葉を発っすることが出来るのは、注文の時の言葉だけなのである。それも、菅原さんが「何する？」と聞くまでは待っていたほうが良い。ある日、客が先に「醤油で……」と頼んだら、菅原さんは「お前は、この店に醤油飲みに来たのか!?」と答えていた。またある日、少しポッチャリした観光客のギャルには、ラーメンを出す時に「お前は、スープは飲むな、麺も残せ！」とこの一言。客たちは誰もが笑い声を堪えていた。そんな菅原さんが、一度だけお客の前で直立不動の姿勢でひたすら頭を下げる姿があった。「大変お世話になっております……」と。実は、息子さんの担任が食べに来ていたみたいで、いつもは中華鍋で挽肉とモヤシのフランベの火の儀式で大汗を流している菅原さんも、その時だけはまったく違う汗を額へ流していたそうであります。

また、ある日の開店直後。突然、菅原さんが奥のスタッフに向かって「おい、シャッターを閉めろ！」と叫び、お客たちには「喰ったら御代はいらねぇから、裏口から出てってくれ！」と言ったことがあったそうです。実は、スープの仕込みが気に入らなかったみたいである。完璧なラーメンを毎日作ろうとする、一切妥協はしない菅原さんのプロ根性を垣間見た一幕でした。

『富公』のラーメンは、味噌・塩・醤油と北海道ラーメン同様に三つの味がありますが、そのファンたちは醤油ラーメン派が多かったと思います。筆者も、やはり『富公』のラーメンは醤油が最高でした。ラーメンは、雑味が臭みとして旨味になっているから癖になる。あの神秘な美味い味のベールのような膜が張っている『富公』のラーメンは、今も忘れることが出来ないほど恋していた醤油ラーメンでした。伝説の数々、その味わい深い『富公』のラーメンは、菅原さんが五十二歳の若さで癌に倒れるまで、大勢のファンを魅了していました。

小樽の伝説のラーメン『一番』も、『富公』同様に、とにかく食べると癖になるラーメンでした。味噌味を求めるファンも多かったんですが、これもスープに豚モツを入れているような（入ってなかったと思いますが……）雑味を含んだ良い意味で臭みが旨味になっていた醤油ラーメンでした。とにかく「しょっぱ〜い」んだけど、その美味しさでスープまで完食してしまうラーメン。筆者が初めて『一番』を食べたのは小学生のガキの頃でしたが、昔は日本の三大商科大学と呼ばれていた小樽商科大学のエリート学生たちや女子高校生たち、ＯＬの女性も行列して食べていた。若者が行列をなすラーメン店という意味では、『一番』は今の走りだったようなラーメン店でした。

『富公』と『一番』の醤油ラーメンに共通をしているのは、「雑味が臭みになっても、それが旨味になると癖になる。それが独自性を生む」ということ。当たり前ですが、どんだけ良い素材を集めて、どこかの名店のレシピや評論家たちが語る方程式で作っても、ホントに美味いラーメンは出来上がらない。個人的には癖がある発想や人間が創り上げた食が好きです。食はクリエイティブです！
そんな食を与えてもらって、周りからは癖のある生き様だったねと言われる日本（昭和生まれ）の
（醤油顔ならぬ）「一番な富公」の醤油ラーメンのような人間になれたら素敵……なんて思った次第
でございます。

　ということで二つ目のタイトル「一番な富公」の答えが**北海道醤油ラーメン**であります。あっ、「初代は……」が抜けておりました。それは、一時「北海道ラーメンの醤油ラーメンは、ここが一番！」と呼ばれておりました小樽ラーメンを引き継いだ『初代』というお店です。このお店はもちろん今も小樽でやっております。ここはサイドメニューにある「チーマヨ」という「チャーシューとマヨネーズを絡めた具の手巻き寿司風おにぎり」が抜群に美味く、醤油ラーメンにも相性ピッタリです。

　ラーメン好きが高じてか紙面の無駄か長々と本章を書きすぎましたから（紙の無駄と言っても、筆者がボケたら使う紙オムツは一つも出来ないでしょう。元・東京都知事が都民の税金から私的なネコババをした無駄よりも全然マシですが……）、東京ラーメンのエピソードやうんちく（『春木屋』と『丸福』どっちの荻窪ラーメンが好き？　とその間にあった亀の剥製『佐久信』の伝説、日本最初のラーメンガイド本の伝説、そのラーメン本であるバイブルには載ってなかった名店の伝説……等々）は割愛させて頂いて今度またの機会に。

ということで、「皆さん、最近流行りのパクチーは好きですか？」。突然ですが、水戸黄門が日本初のラーメンを食べてから三百年以上の時が過ぎて、札幌味噌ラーメンや豚骨ラーメン、魚介ラーメン、そしてミシュランのラーメンを経て世界に誇るラーメンの和食は大きく進化しています。誰もが愛するラーメンの食エンターテインメントは今も進化の過程なのかもしれませんが、現在のラーメン好きバカ父娘のバカうまラーメン新世紀は、「パクチー」と「家紋」がキーポイントなんであります。

地球温暖化の影響か、日本列島はもの凄く蒸し暑い亜熱帯の状況。まるで東南アジアの気候なのであります。なので、梅雨から晩夏まで寝ても覚めても頭の中には「パクチー」の言葉が浮かんでしまうのであります。すると、いい歳コイてる元・業界人、つい「パクチー」を逆さま言葉で「チーパク」なんて言ってみて、なんかコレって「ビーチク」みたいだなぁ〜とか、ビーチク（乳首）をチクワ（竹輪）の穴に立てたら、ドーピングする前の若かった頃のテニス選手シャラポワが話題を作った「偽XX」みたいに、誰かやったらオモロイかなぁ〜。オマケに、出来ればその先っぽにクラッカーもパーンと飛ばしてみたらハッピーかなぁ〜と、ニヤニヤしながら新たなエロボケ老人みたいに妄想が膨らんでいたところ、悟った娘から一喝されてしまいました。ということで、また紙面の無駄で紙オムツの資源になりましたが、これからのラーメン新世紀は「パクチー」だということを父娘合わせて確認し合いました。

今、女性たちに大人気なのが「パクチー・ドレッシング」らしい。ブームのはしりでも、雑誌やネット等の無理矢理な仕掛けではなく、若い女の子たちを中心に女性たちから「パクチーが大好き」は広まっていたみたいです。では、日本男子はどんなモンなのでしょうか？　人によっては「裏庭を食べたような味がする」「いや、カメムシを噛んだ味がする」と食べたこともない人間もいます。個人的にも、これまでは物凄く好きというほどではなく、セリを生で喰う美味さは知っているが無理して食べたいとは思わない、そんな程度です。

ちなみに、四十年くらい前、中華料理でも台湾料理は珍しかった渋谷の『麗郷』（当初、筆者が学生時代の頃には全く混んではなかったが、その後のエスニック・ブームによりアッという間に行列店になった。現在の通りは多少雰囲気も変わりましたが、その当時の『麗郷』がある通りは、若者たちの間では通称「エロ小路」と呼んでいた。今も変わらない外壁がレンガ造りの建物は、昭和三十年代の世代にとってはなくなってはいけない渋谷の象徴です）の「腸詰（台湾ソーセージ）」の皿の上にある白髪ネギの横にチラッと緑の葉っぱが載っていたのが、「パクチー」（中国の呼び名は「チャンツァイ（香菜）」、英語名は「コリアンダー」、ついでにスペイン語は「シラントロ」でポルトガル語は「コエンドロ」との初遭遇であり、そんな程度の認知でした。ちなみに、当時の値段とは随分と変わりましたが『麗郷』のメニューの方は昔と殆ど変わらない。

　当時、仲間と行くと必ず頼むメニューは、ニンニクが結構効いた「シジミ炒め」（本場台湾のシジミは生のニンニク醤油漬けが主流、これは日本人向けに考えたレシピだった）と、これも同じくニンニクがかなり効いた「青菜炒め（季節だけ空芯菜があった）」に、「腸詰か豚耳の燻製」の三皿を食べ始めたら、その後直ぐに「焼きビーフン」を頼む。その焼きビーフンがテーブルに届いたら、シジミ炒めが食べ終わっても店員には皿を下げないよう告げる（中国人の店員はせっかちで、多少残ってても下げちまうから）。で、その残ったニンニクが効いてシジミの旨味が出た汁にパスタ・ソースみたいにビーフンの麺を付けて喰うと実に美味い。紹興酒（民進党の蓮舫女史のお父様が日本へ最初に輸入されたと、タレント時代に彼女かその周りから聞きました）と中国酒の名酒・茅台酒（アルコール度数が六十五パーセントでとてもフルーティーに感じるが、飲みすぎると後で腰に来る）も飲んじゃって。そして、〆は「中華ちまき」に「フカヒレスープ」（当時は安かった。フカヒレは相当少なかったけど）。飲んで食ってもリーズナブルでお腹いっぱいで美味かったです。そんだけ満腹だと他の「エロ小路」には行かないし。

　パクチーから台湾料理へ脱線してしまいましが、そのパクチーがそれほど好きじゃない男性でも「なるほど、この『チーパク』のラーメンならいけまっせ」という、とても美味しく食べられる、ラーメン新世紀に覚醒の名を残すような超絶品な一杯があります。それは「灯台もと暗し」ではないが、ラーメン好き父娘の地元・西葛西の『スパイス・ラー麺 卍力』というお店。もう最近は、開店から直ぐドドドーっと行列してしまっていますが、平日は夕方から二十二時くらいまで、土日は昼からですがドドドーな感じ（たぶん十席が限界、作るのにとても手間をかかるので大変なんだと思います）。もはや大人気店なので、様々なメディアで紹介され始めているとは思います（地元人が知らなかったのは驚きですが……）が、お見事、十四種類のスパイスの豊かな香り（コリアンダーやカルダモンは勿論ガーリックやジンジャーに唐辛子・山椒等々）を上手に作り上げているスープが美味い、中太麺とよく絡んで実に調和されている全く新しいスタイルの一杯。まさに新世紀ラーメンゲリオンの使徒であります。ラーメンとして完成度の高さが伝わる一杯を是非とも一度お試しください。長い行列から辿り着いた店内へ入ると、そこはスパイシー漂うトランスの異空間。店員さんの「パクチーが苦手でしたら、ネギに代えることも出来ますが？」の声に「いいえ、パクチーで」と、キッパリと言っちまって下さい。

そんなスパイス・ラーメンですが、冒頭に振った伏線通り「日本で最初に黄門様が食べた五香のラーメン」につながったりはしませんか？　薬膳効果のある各種のスパイスを効かせたこのラーメンは、三百二十年程で一回りしてきたラーメンの還暦で新たなラーメンが始まったという考えは如何でしょうか？　そして、今度の始まりのラーメンの「家紋」は「葵の家紋」ではなく「卍」の絵柄であり、「頭が高い！　この紋所が目に入らぬか！」と掲げる新しい家紋は、なんということかお客にペコリと下げた店主の頭に描かれているっつ〜ぅのは、実に美味しい話の一杯じゃないでしょうか⁉

ちなみに、「卍」は、画数六画ですが、意味は仏教の万の字で「入り乱れるさま、雪などの降るさま」の意味があるらしい。ですが、個人的なイメージは、若い頃のドラマか映画で観た女忍者「くのいち」

スパイス・ラー麺 卍力

です（水戸黄門の由美かおるさんは「くのいち」じゃなかったっけ?）。そんな一族の砦にあった旗が「卍」でした。ちょっとセクシーな「くのいち」は、まさに「ビーチク」も出ていましたが、「パクチー」～「チーパク」～「ビーチク」になったら、「チクワ」が「クラッカーでパーン」となって、日本の亜熱帯の熱中症にかかってしまった思考をラーメン好きの相棒の娘に、また一喝されますので今日のところは、お仕舞いが宜しいようで……。

〈オマケのラーメンガイド①〉

札幌へ行くのなら、古き良き時代の札幌ラーメンの恋人と出逢える『喜来登』がお勧めです。ノスタルジックな雰囲気と新たな味を兼ね備えた物凄く美味い札幌ラーメンを味わえるお店です。札幌生まれ札幌育ちの札幌ラーメンマニアがラーメンで癒されたい時、必ず足が向かってしまう名店。その理由は、何より店主であるマスターの真面目で優しい人間性にある。そして、筆者とは同い年である女将さんの真心ある言葉や態度が最高だから。道産子らしく大らかで他人を気遣うご夫婦が、そのままラーメンのいい味になっているような感じがするお店なんです。マスターは、あの『糸末』

で修業された方であり、そのラーメンのベースは『糸末』を継承されているとは思いますが、かなり工夫され進化している素晴らしい札幌ラーメンです。

例えば、味噌ラーメンなら一杯を食べると味の濃さや出汁の感じが違ってゆく三度変化をしてゆくラーメンになっています。また、大盛りのネギもシャリシャリの食感や甘さを出すよう、切り方をキチンと考えているんです（唯一つ筆者がアドバイスを偉そうに言えるのなら、大盛りのネギの量について。あのネギの量だと、どうしてもスープの温度を下げてしまいます。アイデアとしては、その大盛りのネギの上から焼けたチー油（鶏の油）かなんかをジャーッと一掛けしたらどんなもんでしょうか？　すみませんマスター、素人の戯れ言です）。とにかく、マスターのラーメンへの拘り、麺の硬さとスープの濃さのブレない職人気質は感動もんです。是非、お試しを。

〈オマケのラーメンガイド②〉

個人的には、かなり前から渋谷では断然ナンバーワンのラーメンだったと思っているのが『はやし』というお店。営業時間は、たったの四時間半くらい。ご夫婦だけでやっている、十席のカウンターだけのお店。創業して十年以上は経っているのでラーメン好きには知られていて、開店の十一時半から客が並んでいますが、ラーメンの作り時間が短く、また食べやすいので意外に行列は進みます。店主であり激ウマラーメンを創り上げたシェフは、なんと元・お坊さん。しかし、お坊さんゆえ荒行の修行は厳しいのか、アルバイトの百日苦行なんかは全く続きません。僧侶の悟りは途中でも（?）、ラーメンの匠としては極めている職人魂は若い子にとってはキッツい言葉も多い。なんでバイトは、アッという間に辞めちゃうので、奥さんもやる仕事が多くて超大変です。

でも、旦那がラーメンを作る時に手伝いをしている丼のスープへチョイ足しするラードがこのラーメンの命だと思うので、見ていると自然に唾が沸いてゆきます。ちなみに、ラーメン作りの仕上げに柚子の皮を絞るのが、春～夏はないのは何故なんでしょう?『はやし』の七不思議の一つ。他にもう一つ、胡椒は置いていません。強い胡椒の香りがスープの出汁の旨味を消し去ってしまうからなんでしょうが、頼むと黙って出してくれるそうです。その他に不思議はないので、迷いなく美味いラーメンを唸りながら楽しめます。お試しを。

〈第６章〉

蓼(の種)食う虫(人)も好き好き

（蕎麦）

人間は十人十色。好物だって千差万別。ある人にとっては好ましくないモノでも、別の人にとっては魅力的に感じられることもあります。例えば、筆者の世代的のアイドルにはキャンディーズの三人がいる。普通は「ランちゃん」か「スーちゃん」好きが多かったが、「ミキちゃん」が好きっていうファンも当然います。ちなみに、筆者もその頃のアイドルなら断然「ミキちゃん」なんです。ただ残念ですが、キャンディーズの「ミキちゃん」ではなく、東映の『温泉みみず芸者』でボインで有名な池玲子と共にデビューして、「スケバン・シリーズ」や『恐怖女子高校 暴行リンチ教室』で活躍した裸の女優アイドル「杉本美樹」の方の「ミキちゃん」に魅力を感じておりました。

　こんな「みみず芸者」（次作には『温泉スッポン芸者』もあった）好きな筆者の感性や本能は常人とは別物でしょうが、好ましいモノの一般的には欠点が美点に見えてしまうのも人間。だって、惚れてしまったもん！　ぜ～んぶ良く見えちゃうもん！　股下が七十センチくらいしかないのに「うわ～、脚が長いでしゅ」、顔の彫りが深くもないのに「うわ～、鼻が高いでちゅ」、思いっきり租チンなのに「あ～んも～、大っきいぃ～」と言われたことはありません。願望、妄想です！　ということで、「アバタもエクボに見える」のも「阿藤快《あとうかい》が加藤あいに見えちゃう」のも、異性にはありがちなアモーレの媚薬に酔うパターンであります（阿藤快さんが亡くなられたので、この使い擦ってきたギャグも、これがギリギリ最後でしょうか?）。

人間が異性に魅力を感じて惹かれてしまう基準は、見た目や性格ではなく、理性や教育で左右されるものでもなく、動物の本能だという説がある。なんと異性の耳の裏の「オイニー」で簡単に判断できるらしい。異性のニオイが「臭い」とか「香しい」とかではないらしい。分かりやすく言えば、一週間風呂に入ってなくて自分の体臭が「ゲッ、クッサ～」と思っても、「なんか嫌いじゃないなぁ～」と思ったりしません？　わざわざ何回もニオイを嗅いじゃったりして。それと同じ感覚だと思って下さい。一般的には同性が「臭い」と思っても、異性の耳の裏のニオイが「なんかイイ匂い」と感じてしまったり、逆に「爽やかな匂い」なのにまったく良く感じなかったり興味がなかったり。その嗅覚は、人間それぞれ個々の本能のためらしい。

動物の優性遺伝は血が遠い方が良い。そう、遺伝子が離れているほど本能が求めていて好感を持つようである。本能が耳の裏のオイニーに反応するようです。嗅いだニオイをどう感じるか、「匂い」なのか「臭い」なのかが大切なのである。なんて、合コンで話して全員で盛り上がったら、そのうちに皆で耳の裏をペロペロ舐めながら新高輪のホテルのパーティでＣＡ（キャビン・アテンダント）と酒地肉林ってどうだ（どうして合コンの相手がＣＡになるんだろう？　しかし、ＣＡというネーミングって、ニオイのフェロモンを感じないよね？　スチュワーデスの「スッチャン」でいいじゃん）!?

さて、話が昔の国際線のスッチャンの合コンネタに逸れてゆきそうなので戻すと、「蓼食《たで》う虫も好き好き」という諺は、「蓼のような苦い辛い葉でも、好んで食べる虫もいる。人の好みだって人それぞれ、他人の好みを己の価値観でとやかく言うな！」というような意味ですが、食の世界にも当てはまると思う。フランス人に「星三つ」とか付けられて日本人が喜んでるっつう場合じゃないということ。で、何でもバターを絡めればいい（個人的なイメージだけですが……）というフランス人は、その苦い「蓼」の仲間から生まれた麺の「苔むす」的な味覚が解かるのでしょうか？ そうなんです、日本蕎麦の原料**「蕎麦」**はタデ科の植物なんです。

ということで、ここでは蕎麦に関するお話をしたいと思います。日本人は大昔（奈良時代頃？）から蕎麦を食べていたようで、蕎麦にまつわる諺なんかも結構あり、長野県辺りでは、「蕎麦の自慢はお里が知れる」なんてのがあります。「稲が獲れない土地の出身なのね〜、可哀相に」って思われるから気をつけなさいってことらしいです。米が経済の指標だった時代の話でしょうが、今なら「学生時代にキャバクラでバイトしてたっていうのは女子アナの入社試験ではマズいから？」という、昔スチュワーデス、今女子アナウンサーみたいなものか（違う!?）。

先程も書いたように、蕎麦はタデ科蕎麦属の植物です。原産は中国南西部の山岳地帯とかシベリア辺りだとか言われており、高温多湿地帯ではないことが分かります。米とは対極に位置する植物である。シベリアだとか山岳地帯だとか聞くと、一般的には、作物が育ちにくそうな土地、痩せた土地を想像してしまいます。「米」至上主義者にすれば、稲が育てられないような実り豊かではない土地で、なんとか結実する貧しい穀物だと思われていたのである。実際に、蕎麦は干ばつに強い植物で、成長も早く、まるで雑草のように逞しい。「水も日照時間もたっぷり欲しい（メイク・ヘアー有り、メジャーデビューが決まっているでしょ）、こまめに雑草や害虫を排除してくれなきゃイヤ（同期とは同じように並びたくないし、異性とのスキャンダルは揉み消して）、寒いのは困るから（細かな仕事のスケジュールは入れないで）」なんてお百姓さん（マネージャー）に言っちゃう甘いヤツは無理。アーティストぶったり、芸能人二世だったり、社長のタレ（女）だったりは蕎麦には実りません。

例えば、八〇年代アイドルが蕎麦だったら、事務所は小さいけど這い上がってきた「A」のようなヤツとか、大手事務所で社長宅の二階に下宿していても、窓から電信柱を伝って夜な夜な遊びに行った「S」のようなヤツとかじゃないと、アイドルもトップにはなれないみたいなもの。とはいえ、蕎麦とて苦手はあるようで不倫スキャンダル……ではなくて、強風と霜には弱いそうです。まぁ、とにかく土地が痩せて寒冷な不毛地帯でも、あの白い花は咲き誇ることが出来るということ。そんな白い花がピッタリだったのが北の大地で、野菜や果物同様に昼夜の寒暖差が大きく、朝霧の発生が多いのがポイントのよう。蕎麦というと有名なのは長野県の信州蕎麦ですが、蕎麦の生産地日本一は、やはり北海道であり日本の生産量の半分近くは道内産です。

成長の早い蕎麦は、北海道の短く涼しい夏に種蒔きから収穫まで行われます。五～七月にかけて種が播かれ、八～十月には収穫します。冷涼な気候、強風が吹きにくい盆地、日寒暖差が大きいなど、北海道の内陸部（旭川・深川・幌加内《ほろかない》）は、蕎麦にとって理想的な環境の土地でした。そんな訳で、北海道というとラーメンがイメージされがちなんですが、なんと昔から道産子は、知ってか知らずか、薫り高く美味い蕎麦を食べてきたのであります。

「するってぇと、なにかい?」蝦夷っ子も江戸っ子みたいに蕎麦は「ズズズ～ッ」と啜りながらあまり噛

蕎麦の花　写真：「季節の花 300」http://www.hana300.com/

まず、「蕎麦なら『せいろ』がなまら通《つう》ってぇもんでぃ」てなもんだ!?　いいえ、江戸っ子みたいに汁なんかは辛くなくて、しっかり噛んで「ずずず～クチャクチャ」とちゃんと味わいます。

北海道ではそこらの普通の蕎麦屋さんでも、美味い蕎麦がごく普通の値段で食べられます（北海道の蕎麦屋さんは、気取って老舗ぶった店ほど何故か「あんまり美味くねぇなぁ～こんな雲丹蕎麦なんか」などと感じたりするのは筆者の舌だけなんでしょうか?）。ガキの頃、大して暑くもない北海道の夏でも、冷や麦やソーメン（冷しうどんを食す環境はなかった。『春ゆたか』を生んだ小麦粉も産地だし、一部うどんの麺も美味かったのに……）なんかよりは味わいが深い「もり蕎麦」を啜って、最後のメに「ん～、蕎麦湯はうんめぇなあ～」と悦に入っておりました。

大学入学で上京した当時、驚いたのは蕎麦湯を知らない地方出身者の多さ。関西や四国・九州の人間は基本的に蕎麦自体をあまり食べないようだったが、秋田出身の奴なんかは食べる時に蕎麦湯が汁の濃さを調整するためにあると思い込んで、筆者の耳元でこっそり「なんで、わんざわんざ温くすんだっぺぇ?」（その後に筆者が二十代の頃ロケで行った秋田市の繁華街・川反《かわばた》でソープランドの客引きが擦り寄ってきて耳元で囁いた「兄さん、ハメでないかい?」のイントネーションが同じように囁いておりました）と。

しかし、そんな蕎麦好きな筆者でも上京してからは、蕎麦を巡る状況が大きく変わりました。なんと、四十年前の東京の美味しい蕎麦屋は、寿司屋やステーキ屋と並ぶほどの高級店。せいろ蕎麦一枚の値段自体はそれほど高くはなかったんですが、そのせいろ一枚の蕎麦の量がビックリするほど少ない。オーバーに言うなら、せいろの上に薄〜く載っている蕎麦を箸で三回ほどすい〜と取ったら、もうお終い。腹八分目だったとしても、「コレって一体、おいっ何枚食えって言うのかよ!?」と、そんなイメージでした。

確かに美味いことは美味いんですが、神田の『Y』しかり室町の『S』しかりそう。業界に入って多少お金に余裕はあったものの、当時、六本木にできた『O』という業界の蕎麦好きの中でも美味いと噂になったお蕎麦屋なんかは、何枚オーダーしたら良いか分からないくらいで、せいろ蕎麦を頼んだつもりが、まるでわんこ蕎麦状態だった……みたいな感じでした。

また、恵比寿には文化人などが通う蕎麦懐石の店があり、コース料理を頼んで焼酎の蕎麦湯割など酒をしこたま呑むと、二人で十万円では足らない店もあった。蕎麦の中心は更科蕎麦であり、アマランサス(「赤栗」と呼んだ雑穀)やスピルリナ(太古の藻)などのかわり蕎麦がメインで、注文するとその場で打つのが店の売り。他にも桜などを打った季節のかわり蕎麦もある。また、当時はあまりニーズがなかった辛味大根を入荷させて田舎蕎麦も出していた。その辛味大根が入ると女将は筆者に勧めていたが、実際、かなり美味かった。しかし、とにかく値段が高かった。筆者は昼に行ったことはないが、ランチに行った知り合いから聞くと、一人で一万円はしたそうだ。「美味しいんだから、高いのが当たり前でしょ?」と、そのお店を仕切っていた女将の、往年のキンピカなディスコにあったお立ち台から見下す目線と羽根の扇子をパタパタ喋りまくる食のうんちくは、どちらも「バブルだなぁ〜」と思ってみておりました。

ちなみに、蕎麦懐石のコース料理にある海老の天ぷらは、伊勢海老を丸ごと揚げていて、それもお店の売りの一つでありました。が、筆者はその頃三十代。その伊勢海老の天ぷらにただの一度も箸をつけなかった。それを不思議に思ったのか、何度か通った時に女将が「なぜ、伊豆から取り寄せた伊勢海老の天ぷらを召し上がらないのです?」と聞いてきたので、もうこれ幸いとクソガキ三十代の筆者は堰を切ったようにこううんちく返しをしてしまいました。

「お言葉を返すようで恐縮ですが、これ程の美味しいお蕎麦があるお店にも拘わらず、どうしてこの海老の天ぷらだけが美食のレベルから逸脱しているのでしょうか? 確かに伊勢海老を小ぶりにするなどと調理の工夫をされているのは理解できるのですが、ぶっちゃけ言って、それって食材の選択として、伊勢海老っていう仮面を被っている味覚の過大評価をされているような食材を天ぷらのタネとして選択することが正しいのかなぁ？

日本人としては神饌《しんせん》の供物として祝い事には見栄えは良いし、近年のロブスター偶像崇拝のエビである伊勢海老とは異なったザリガニなのだが、それと同種に『高価ありがたや』的なイメージも効果の狙いは重々解かりますが、本来の天ぷらの海老のタネとしては、間違いなく『車エビ』なんかには遥かに及ばない。東京湾で鯛を釣る時に使う『サル海老』（車海老はもったいから）にさえも劣る大味な伊勢海老である。日本の海老の中では大ぶりな北海道の『ボタン海老』は知っていますよね？　寿司屋や小料理屋の冷蔵のショーケースの中で身がブヨっと白くてグタっと鎮座なさっているデカい海老、それって美味いっすか？　『うわ～、凄く柔らくて甘～い』とか言っていますが、『お前の味覚はマグロ女か！』『お前の舌は不感症か!?』と言ってやりたい。これも『高価ありがたや』と同様で、生きている少し小ぶりのボタン海老は確かに『プルっ』として甘くて半端なく美味いと思うが、この落ちが早い食材は、少しでも鮮度が落ちてしまった大ぶりのボタン海老なんかは、ちっとも美味くはない！　だったら小樽の市場でザルに一山五百円もしない南蛮海老、北海道では昔から甘エビとも呼んだホッカイアカエビの方が美味さは数段上だ。

こんなボタン海老も、実は食の偶像崇拝である。だからこそ、この食材を勧めたいなら、真摯な努力とその信念が必要。そう、あの二十世紀最高の物理学者と称されるアルベルト・アインシュタインの、解るが実は皆よう解からん『相対性理論』だが、万人の宇宙観だけを変えたことは物凄く偉大である天才のオッサンは、自らを模してこう言っている。『天才とは努力する凡才のことである』と。おこがましいとは思いますが、その天才に付け加えるのなら『天才は努力を努力と思わず努力してしまうヤツ、秀才は努力を大変と分かっていても努力が出来るヤツ、凡才は努力をしないし、努力の仕方そのものが分かってないのがバカである』……これは、あくまで個人的な見解ですが、料理自体は理科系の学殖が問われる修道である。物理学者の宇宙観を努力し分析することと同様、小麦粉と鶏卵を纏った伊勢海老が、ごま油で香りづけされた百七十度の植物油の宇宙空間を遊泳させられることの可否を考えるべき時である。この店のパフォーマンスとしては認めますが、美食としてはハッキリ言って残念です。だから、伊勢海老は食しません。食べるくらいなら、よく見る、あのアインシュタインの写真のベロをひっこ抜いて二度と味わうことが出来なくしてやります!!」

という内容の台詞だったかどうかは分かりませんが、間違いなく喋ってはいません……。意図はそのままズバリ伝えました。こればかりは、残念ながら女将よりも食うんちくのお立ち台に於いて、筆者の方が上手だったみたいである。これをキッカケにその女将は、他の一見の文化人や筆者の知り合いの業界人には相変わらず食うんちくをたれまくりますが、この三十代のクソガキに対しては一目置く様になり、「ご自慢のうんちくはナシよ」の素敵な笑顔が似合う大人の女性になりました。

そんなクソガキの放送作家が、一躍この店では人気グルメ評論家になってしまいましたが、そんなクソガキでも、さすがにお店へ行くのは仕事上の接待だけ。とにかくバブル時代の後ではあったが、CDなんかはミリオンでバンバン売れていた時代で、まだ日本人がお金を出していた時代。とはいえ、その東京のお蕎麦屋の中では間違いなく一番高いお店だったと思います。

でも、コース料理の最後に必ず出してくれるデザートは、「食べられる黄色いホウズキ」というフルーツで、それはそれは甘酸っぱくて、食後の口の中を爽やかにさせてくれて、実に素敵で美味しい果実でした。それを初めて口に入れた時に、子供の頃に秋の小樽天狗山に入って採った「コクワ」の実を思い出しました。それは、ドリカムの『晴れたらいいのに』の歌詞の一節に北海道・池田町出身の吉田美和嬢も書いている、昔の道産子なら愛している天然の果物。酸味が爽やかでとっても甘～い果実です。正式名はマタタビ科の実「サルナシ」。由来は、その果実があまりにも美味しいのでサルが全部食べ尽してしまい山から実がナシになったからだそうです。北海道なら「クマナシ」で良かったとこですが、実はヒグマも大好きな果実だそうです。

見た目は、キウイフルーツの表面の毛を毟ってパイパンにしてやり、それを思いっきり小さくした様な感じ。キウイがダビデ像のサイズなら、コクワはハムスターのタマキンみたいなもの。そして割ってみれば、なんと緑の果実はキウイそのまま、その種の配列の感じなんかもソックリなのである。実は、ニュージーランドのキウイは、その島に自生した植物ではなく、中国の山岳地帯から「シナサルナシ」を移植して品種改良を行った果物である。だから元々はコクワとキウイは親戚の様なもの。しかも、日本にキウイが入って来て食べられるようになったのが一九七〇年代からなので、それよりも前にサルとクマと道産子は、あの果実に魅せられ、食べていたことになる。

近年入ってきた黄色いゴールドキウイよりも甘かったような感じがする。ガキの頃は、採ったコクワを米櫃に入れて完熟させて食べたのを覚えている。あまりにも甘いので、皮の酸味をそのまま噛んで食べるとインパクトが足されて美味しかった記憶もある。それでも「甘さのために舌が割れる」と言っていたものである（昔は、パイナップルやマンゴーなんかを食べるとそう言っていたが、ホントは果物の甘さで人間の舌が切れることはない。パイナップルやマンゴー、そしてキウイなどが含んでいる「プロメライン」という酵素が働いてしまい、舌の表面を覆っているタンパク質を分解してしまうために、舌に酸が直接当たってヒリヒリと痛くなるだけである）。でも、猫じゃないが、マタタビ科の「コクワ」である。我慢できないほど食べたくなるような、魔性の果実だったと思う。

そんな恵比寿のお店に近い味や、個人的には麻布十番の老舗のお店なんかよりも断然美味しかったと思う、蕎麦界では白魔術を操るような更科蕎麦のお店が北海道にあった。その真っ白い更科蕎麦に旬のモノを練りこんだ「かわり蕎麦」が実に美味しくて、オマケに超リーズナブルなお店が札幌の狸小路の真ん中辺りにあった。筆者は北海道の初夏の一大カーニバルである「よさこいソーラン」（今や、全国的スターになった「チーム・ナックス」のメンバーたちがMCをやってくれていました）の中継番組で毎年札幌へ行く度に、お昼休みにはロケ弁当を食べずにそのお蕎麦屋へ通うのが恒例の楽しみだった。しかし、数年の時が経つにつれ、お店のメニューは段々と変化、「かわり蕎麦」は姿を消し、次の年にはランチが出来てカツ丼や天丼とのセットになり、そして、その翌年にはお店がなくなっていました。ちょっと淋しい気持ちになったのを覚えています。なぜか北海道では、ちょいとお高めの繊細な蕎麦は受けがあんまり良くないようです。恵比寿のランチで一万円の蕎麦と変わらない蕎麦が、盛りも多くて七百円くらいだったんだけどネ……。

そんな感じで、若い頃は「蕎麦は、やっぱ『せいろ』じゃなきゃいけねいやい！」と思い込んでいましたが、ここ最近はかけ蕎麦の美味さがやっと解るようになってきました。蕎麦の壮年期がせいろなら、かけは老年期なのでしょうか？　西葛西駅の立ち食い蕎麦屋（『やしま』という店で、言い過ぎかもしれませんが、あるテレビ演出家は「東京一の立ち食い蕎麦屋」と語っておりましたが……）でも、汁の出汁とネギの辛さと甘さの美味しさは、蕎麦本来の素朴さが逆に心に温かく浸

蕎麦の実　写真 :「季節の花 300」http://www.hana300.com/

み込んできて「ありゃ、こりゃ美味いぞ!?」と強く感じるようになってきました。

と言いつつも、それとは相反したネタを、この章の最後に紹介してみたいと思います。ここ最近、筆者が遭遇した蕎麦で勝手に日本一だと思った一品を紹介してみたいと思ったんですが、これが困ったことにラーメンの章と同様、地元・西葛西のお蕎麦屋さん『識義《のりよし》』になってしまったのです。「手を抜いているんじゃないの?」とか、「本に載せるからといって、キックバックさせてるんじゃないの?」とかが出来ないのが意外に真面目な昔の業界気質。最近、昔の業界人たちと一緒に、番組にも紹介しているお店やOLや若者のカリスマとなっている料理人のお店なども幾つか勉強してみましたが、逆に「はぁ〜、こんなもんか……」と確信をして「だったら断然、間違いなくこの蕎麦の一品が一番だわ」と思って紹介しちゃいます。

当然、この一品は残念ながら「かけ蕎麦」の黄昏た味覚とはまるで逆、その境地に至るほどではなく、「己はまだまだ未熟で結構ざんす」と、バイタリティー満々である蕎麦を紹介してしまいます。

こんな馬鹿ウマのメニューには、「一日三十食限定!」と書かれてはおりますが、私、一度も売切れに遭遇したことがありません。だから、まだ有名じゃないということ。テレビ東京の土曜日の番組「アド何チャラ天国」の西葛西特集でも、そのリサーチャーは知らず、ランキングには入れてなかった。そう、今がチャンスです。そのお店の蕎麦ですが、せいろ等のメニューは繊細な細めな蕎麦なんですが、紹介するこの一品だけは太めの田舎蕎麦。最近、やたら流行っていますが、確かに美味しいと思う大山鶏がこれでもかとどっさりのっていて、また白ネギの細切りが超大量に重ねられて器一面にのっかっている「鶏南蛮蕎麦」です。ほんの少し甘めのつゆに、別に添えられた小皿の、かなり辛い薬味を少しづつ入れながら食すれば、その抜群のハーモニーを奏でてゆきます。

この辛味の薬味が新しい食のポイントである。それは脇役の凄さであり、バレーボールなら大切なリベロ、ラグビーなら司令塔のスクラムハーフであり、食の試合の流れを構成してくれます。かなり量が多いこの蕎麦（食後、大人の男子でもお腹一杯と感じます）でも、その薬味があるせいでペロッと食べてしまいます。この絶品辛味の薬味ですが、たぶん青ネギに唐辛子を入れ、抹茶塩と昆布の薄醤油を少々足して寝かせたみたい？　ん〜、たぶん抹茶は違うが（お茶のアノミ酸はそんな味わいを感じるもんですが）、レシピの方は今度時間があったら試してみます。

とにかく筆者的には、今までなかったサディスティックな美味しさ、大満足の日本一うんめ〜「鶏南蛮蕎麦」です。一度お試し下さい。但し、女性は「少な目にして下さい」と頼んだ方がいいかも。かなり量が多いです。

〈オマケのうどんガイド〉

このまま北海道の上川や十勝の蕎麦を紹介しても普通ですから、これは敢えて蕎麦じゃなくて美味いうどんを紹介します。それも北海道じゃなくて、なんと三重県の四日市うどんを!!

昔は工業地帯のスモッグで空気が物凄く汚〜いし、街も池袋の何倍も柄が超悪くて怖かった所に、そんな美味しいうどんなんか作れないでしょ？　と思うんでしょうが、有限会社渡辺手延製麺所の乾麺は抜群です。

レシピによっては全てではないでしょうが、パスタのスパゲッティも生麺よりも乾麺の方が美味いと思っている著者ですから、そのうどんも美味さが増倍しているヤツだと思って試してみて下さい。秋田の稲庭うどんを超えていると個人的には思っています。冷しでも良いが、鍋のメの麺にはコレが最高です。但し、茹でるのに二十分くらいかかりますが、ご了承を。

今なら、電話なんかで頼むとお取り寄せできます。「さぁ、冬のお鍋の季節までに、今、直ぐ！」って俺はテレショップか!!

〈第７章〉

毎朝食王冠（朝イカ定食）

男たるもの「据え膳食わぬは男の恥」は当然だは、昭和三十年〜四十年生まれ世代までなのか。最近の男子はそう思ったりはしないみたいだし、女子の八十パーセント以上は「思わない。余計なお世話」だそうです。とは言いつつも、日本の既婚男性の四人に一人以上、二十六パーセントに浮気経験があります。一方、二十代の女性に絞って「浮気したことがある？」と聞いたところ、平成の大和撫子はなんと六割以上が「ある」とキッパリ答えたそうです。

まぁ、所詮人間も動物。冬季登山のパーティーがブリザードで遭難、たまたま山小屋で待機していて難を逃れたのが、お互い大嫌いな男女の二人。天候が回復せず数日が経ち、暖の燃料や食料が尽き始める。すると、命の危険を察した男女がとる行動は、子孫を残そうとする行為である。動物の本能には抗えないのであります。だから、さっきのデータなんかは驚くほどでもないでしょう？前・東京都知事のゲーハーが「裸婦像」の絵画や「春画」のマニアで、都民の血税を使って買い漁っているよりは驚きません。

みんな毎日、同じ定食ばっかり食っていたら飽きますもんね。でも、ワンコインの定食で我慢している都民たちを考えなきゃー、ゲス。いつもの定食のように、朝ワイドで毎日ネタになるヤツは生ゴミにするとして、でも、食の世界には「朝メシは利尻・礼文のウニである井川遥が毎日だと飽きちゃうんけど、片桐はいりなんだけど活イカなら毎日でも飽きない」といった、まるで都市伝説のような話が存在したりします。ということで、この章は、毎日食べても飽きない「イカ定食」の凄さについて食うんちくを語ってみましょう。

その前にもう一つ、「オスの据え膳をホントに喰っちゃうメス蜘蛛」のネタを少しだけ。

オーストラリア大陸西側のパースに、世界一美しい蜘蛛が生息している。その名を「ピーコック・スパイダー（孔雀グモ）」という、胴体から尻尾までが艶やかなレインボーカラーで彩られている（動物なので、当然美しい姿なのはオス）四センチくらいの蜘蛛。地蜘蛛の類なのか、蜘蛛の巣は造らないが、尻の先から糸を出しながら俊敏なジャンプで速度と距離を巧みに調整しながら獲物を捕まえる。また、この蜘蛛にとって糸が必要なのは、「運命の赤い糸」ではないが、生涯一度の運命のメスとの出会いを手繰っていくために必要な恋のセンサーの役目があるため。その求愛の儀式、孔雀グモのオスの得意はその美しい胴体と二本の手を小刻みに激しく動かして踊るダンス・フィーバーである。

だが、赤い糸の運命は、時折とても残酷である。灰色した不細工なメスのお眼鏡に適わぬオスは、その「据え膳みたいなメス」に頭を一気にガブリと喰われてしまうのであります。これはオスのカマキリよりも可哀そう。だって、オスのカマキリはエッチしてから喰われるけど、孔雀グモのオスは初恋の相手に出会ってコクった途端に喰われるんだから。まるで、「井川遥似の美女がいる熟女パブが、五千円ポッキリ!!」と誘われたススキノや中洲のポン引きに、ゲス心いっぱいで付いて行ったら、入った店では片桐はいり似のオバハンが現れて、右の乳首を噛まれた様なものか（たぶん、違う。心臓に近い左側の乳首だろ……）？

さて、一般的に美味しいイカといえば「真イカ（スルメイカ）」の北海道・函館か、「ミズイカ（剣先イカ）」の佐賀県・呼子《よぶこ》でしょうか？　日本のイカの名産地といえば、間違いなくこの二つでしょう（ちなみに、博多の生簀料理店なんかで「ミズイカ」と呼びますが、一般的にミズイカと別称で呼ぶイカは高級な「アオリイカ」を指します）。ということで、富山湾の「ホタルイカ」や「スミイカ」「コブシメ」などの甲イカ系なんかは、この章の**「朝イカ定食」**では別物とさせて頂き、概形がロケットの形状をした類のイカだけを紹介してみます。

また、概形の見てくれはロケット形状そのものである、昔の子供の生物図鑑には必ずイラスト付きでマッコウクジラと格闘している姿が掲載されていた「ダイオウイカ」も排除の対象にします。でも、「それって、戦うわけないじゃん!?」と思わなかったですか？　大体、クジラとイカではデカさも体力も違い過ぎますよね。それは、マッコウクジラであるテニスの大坂なおみ選手が、クリオネと間違えられるほど小っちゃいイカである元・Ｉ都知事（今となってはあんなゲスな前・都知事野郎なんかよりも断然良かった……）を大外刈り一発から寝技で押さえ込んだようなものである（個人的には、東京オリンピックを獲得した元・Ｉ都知事は周りから非難されるようなことはなさってないし、ノンフィクション作家としては素晴らしい方だと思っております）。

ちなみに、世界一デカいイカはダイオウイカではなく、「ダイオウホウズキイカ」という体長が最大十八メートルもあるイカである。これがマッコウクジラと対決したイカという説を唱える学者もいますが、これもまた眉唾もの。そのイカは、深海の暗い海の中で五キロほどの魚を一匹捕食すれば二百日間も生きられるほど、実に穏やかに年金暮らしをしているヤツなので、まず有り得ない。

もう一つ、世界には五百種類以上ものイカがいるとされていますが、アカイカ系のスルメイカの仲間には「タコイカ」という如何にもタコな名前のイカがいます。北海道のオホーツク海沿岸からカムチャツカ、アラスカから下がったカナダ西岸の北太平洋辺りに生息するイカであり、その名称の正確な由来は定かではないが、アカイカ系であるタコイカの体が、「ゆでだこの様に真っ赤だから」と概ね推測できる（足が八本だからっていう説もあるけど、それは違う）。

残念ながら、北海道のタコはミズダコなので、茹でて真っ赤になったタコは殆んどお目にはかからない。だから、道産子にとっては正月の食紅を入れた「酢ダコ」が由来になってしまう。そんな

「半殺し（さっと茹でて生っぽい）」風のミズダコを帰郷した時に行く市場で必ず買ってしまうのが「ミズダコのマクラ」（本当は胴体だが頭のような部分、その刺身のベロベロでクニャクニャな茶色の皮が好きで、道産子の通はミズダコの場合は足より頭を好む……）であり、それを酒のアテに食べている時には必ず「タコがタコ食ってま～す」と言っちまう筆者だが、余談でした。

このままでは、話がイカからタコになるので、昔の「函館の朝メシ」のネタで極楽なエピソードを。函館朝市の伝説『道南食堂』があった頃の話です。本州以南では梅雨前線がどっかり居座った季節、津軽海峡にやってきた真イカが徐々に大きくなり始め、真っ黒でコリコリした姿が毎朝北の玄関の浜へとわんさか水揚げされてゆきます。活イカ前線（そんな名前の前線はないけど）は、函館の初夏に暫く停滞。それと同時にＪＲＡ（日本中央競馬会）夏競馬の幕開け「函館競馬の開催」は実にドンピシャな季節であり、市民にとっては盆と正月の賑わいです。

ＪＲＡの十場ある競馬場の中でも、海が見えるレーシングコースは函館競馬場だけ。また、競馬場のターフの上をジェット旅客機の大きな影が通過してゆくのも函館競馬場だけ。地方空港の中でも市内へ非常に近い空港が函館空港である。なので、お馬さんファン絡みもあり、尚且つ、食いしん坊の舌をエクスタシーに満足させるのは函館以外ないということ。だから、東京からでも朝の一便か二便のジェットでフライトすれば、第一レースの出走にも間に合って、その前にちょっくら朝市へ向かうと今朝獲れた新鮮な「海鮮の超美味い朝メシ」をたっぷりと食えるっつーわけ。そんな、なんとも極楽な食いしん坊ツアーが存在するのでございます。

それと、他の食いしん坊ツアーの中に、良き時代だからこそ出来た「不良親父の究極ツアー」があるので紹介してみます。その日は週末「花の金曜日」の夕方、ＯＬたちがデートや合コンに向かうため、そそくさと駅の改札へと向かう時刻。テレビ局の企画プレゼンが跳ねた後に事務所近くの恵比寿へ戻り、今となってはバル的なお店で放送作家の弟子と打ち合わせもしながら軽くビールをひっかけてい

スルメイカ（真イカ）　写真：株式会社アイメックス

た。なぜかテーブルの上には企画書と青い新聞が置かれていて、その細かい文字が並んでいる紙面には「第一回開催初日～函館版～」と書かれていた。

となると、企画書の打合せの方は手短く、その場の会話は当然青い新聞の話題に移り、翌日の「今年もいよいよ夏の函館競馬場が開催かー」や「クラス替えだから、配当は安くても古馬の降級組か、三歳馬で前に行く馬を買えば獲れる！」「函館はパドックが観やすくて判りやすいから好きさ」から「函館は馬券同様メシも美味しいから大好きな街、夏の真イカも獲れてるぜ」「で、あれ？　お前喰ったことがないの？　函館の朝イカ定食の美味さ」という話へと流れていった。業界の良き時代にありがちな、いい意味で言えば遊び心がいっぱいの風景である。

しかし、そんな会話のヤリトリが、その師匠にとっては新約聖書ルカの福音十五章に登場するような「たとえ話」になってゆく。それは、十七世紀のオランダが誇る「光と陰」を描いたら古今誰も勝ることが出来ない（弟子が描いた贋作が山ほど存在するが）レンブラント・ファン・レイン『放蕩息子のたとえ話』の絵画に含まれたアレゴリー的な寓喩のようであり、偉そうに暗喩を喩えているようだが、その喩えはハッキリ言って明喩（直喩）であり、早い話が「放蕩息子みたいに散財したエピソード」というだけのこと。でも、チョッとだけ粋な、今もあったら使えそうなネタを。

競馬でハイセイコーがブームになったのが師匠の高校生時代。また、ＷＩＮＳの場外馬券売場も殆んどなく、ましてやＰＡＴ（電話やインターネットを利用して馬券を買うシステム）なんかはあったとしてもパソコンやスマホがない時代。それが、鉄道でほんの三十分くらい行った先に札幌競馬場があり、いつでも馬券が買えた環境。そして「道産子は北海道が大好きである」を絵に描いたような師匠。オマケに美味しいものが大好きで、幾つになっても遊び心を忘れない。そんな設定が出来上がっている師匠のシナリオは、放蕩と散財のプロローグ。二人の会話が、新たな極楽ツアーの始まりとなった。

事もあろうに、函館に行ったことがない弟子が身分を忘れて（それは、何時もだけど）若いだけが取り柄の、腐れ縁の愛人のように我が儘いっぱいにズキューンとこう言いのけた。

「だったら師匠、今から直ぐに函館へ行きましょうか？」

「か？……って、お前はバカだね。函館初日を馬鹿にしちゃいけない。競馬関係者も多いし、オーナーも愛人付きで行く時間だし、ファンもいる。その中には昔の俺みたいに酔っぱらった勢いで飲み屋の赤貝女（ヘモグロビンを持つ赤貝の『赤血と赤字』の語呂合わせで、言わずもがな『下げマン』だがな）をのこのこと連れていき、後に猛省する奴もいる。金曜日のこんな時間に羽田へ行っても、函館便に空席はないぜ。しかも、明朝の第一便は勿論、午前の便は満席だぜ？」

「他にないっスか、函館の朝市で朝飯食って函館競馬場の一レースから指定席に座っていられる方法？　例えば、千歳空港へ行ってタクシーで函館に行くとか？」

「あのね、北海道は広いんだぞ。函館から札幌まで三百キロ近くあるんだよ？　で、お前、何で何万円もかかるタクシーに乗って行かなきゃならないのよ、レンタカーでもいいだろ!?」

「どうせ師匠なら、函館競馬で旅費分勝つんじゃないかと思って……。まぁ、じゃあレンタカーで？ねぇ、師匠？」

「……ん？　……でも、（ニタリ）それなら、こんな時間でも、もう一つ良いある方法がるんだけどな」

「あ、それで行きましょうよ、師匠！」

　伊達や酔狂でモノを考えてない自負と基本的に遊び心が嫌いじゃない師匠は、そんな弟子の我儘をあっさりと承諾。彼自身も「一度は試してみたかったネタだけどね。それを使う時は、お前みたいな図体がデカくて髭が伸びちゃってるヤツじゃない相手と行くつもりだったんだけど……」と発想した大人の遊びのプランを直ぐに実行し始めた。午後六時を過ぎた頃である、時間を気にしながら慌ただしく会計を済ませて店を飛び出す。弟子にタクシーを止めさせて乗り込み、運ちゃんに告げた行き先は、なんと嗚呼……ＪＲ上野駅だった。中央改札を抜け一番左側のホーム、十三番へと向かって走る。手荷物は「青い新聞」だけで、そのまま「青い列車」のドアへと飛び込んで行った。

そう、二人が駆け込んだ先は、今となっては伝説のあの列車、鉄道ファンなら泣いて喜ぶブルートレイン「寝台特急・北斗星」の十七時三分上野発札幌行きの列車だったのである。昭和四十年代の寝台が三段だったB級寝台は、狭いは揺れるはの苦痛だけだったが、それとはまるで雲泥の差、月とスッポン、都心の熱い夏の深夜に四畳半アパートの向かいの家の窓から見えたのが風呂上がりの若妻であり、そのスッポンポンの姿が井川遥と片桐はいりくらい違うような、北斗星の寝台は快適な列車の空間。旅の夜長も、北へ向かう列車で競馬の予想をしつつ酒に浸るもよし。酔っぱらっちゃったらベッドでぐっすりお眠。でも、翌朝の午前六時四十三分には函館駅へ到着しているのであります。

こうして名残惜しい青い列車にお別れして北の玄関「函館駅」の改札を出ると、そこには美食のファンタジー、大人のネバーランドが待っていた。昨日の夕方、釣竿を担いで鯛を抱えた銅像も梅雨の湿気で汗ばんでいた場所とは一転、まるでタイムトラベルしたような感覚で爽やかな潮風がそよぐ舞台のまん中に立っていたのです。そして、その舞台のオープンを飾るのが函館朝市。そこへは、なんと、たったの徒歩五分だったのでありやんす。

駅を出て右へ、駐車場を右手に進んでぶつかった先は、もう朝市。そこへ、また右へフェリー乗り場の海の方へ道なりに向かうと左カーブを曲がったところで、真っ直ぐ行くとウニ料理専門の

『むらかみ』（そこそこお値段はしますが、不思議なんですが、そこの生ウニは甘いし美味しいです。札幌にも支店があります）へ行っちゃうから左へ曲がった直ぐ先右手の角に、あの美食の伝説『道南食堂』がありやんした。

店内に入ると、おばちゃんたちが居る調理場を挟む様に、こちらと向こうにカウンターがあり、奥のレジの横にはいつもニコニコしながらマスターが立っておりました（マスターのお顔は、ドラマ『ラーメン大好き小泉さん』（フジテレビ）のラーメン好き親父トリオのリーダー役の俳優さんに雰囲気は似ていました。って分かんないっすよね?:）。カウンターには、白菜や胡瓜や大根は勿論のことキャベツまで、北海道らしい新漬けの様々な漬物が「タダで好きなだけ食ってくれい」と美味しそうな顔でズラリと並んでいます。

また、調理場前のカウンターの棚には鮭のハラスや銀ダラやホッケの焼き魚や煮魚等がのっている皿やら男爵コロッケやだし巻き卵やワラン蕗の油炒めや身欠きニシンで炊いた御煮しめ等々、ヨダレが溢れて堪らん小鉢の料理がズズズイーと並んでおりました。冷蔵庫にある活イカや毛ガニ・イクラ・タラコ・ウニの折り等の生モノ以外の料理はすべて調理が済んでいて、客がオーダーする度に「チン!」と鳴ってから出てきます。その「チン!　チン!　チン!」、フランスのナンチャラガイド本なら「星」は絶対に付けてくれないでしょうが、電子レンジでも素材が良ければ朝飯には十分といえる美味しさであり、個人的には「星五つ」くらい付けたい最高の食堂でした。七百五十円の朝イカ定食に銀ダラか鮭ハラスを付けて蕗の油炒めを小鉢二つ頼むのが筆者の定番オーダーでした。

そんな定食に付いている味噌汁の具は、函館らしく海藻のフノリ、ご飯の方はデカイ器の丼メシ。汁と飯の両方とも必ずおかわりしてしまい、短パンのベルトを緩めても腹がパンパンで、布袋様みたいな姿に自らご満悦。丼メシ二杯目を控える勇気を出す時もあったが、そんな時に限ってマスターが山ワサビ（北海道のホース・ラディッシュ）をすりおろして醤油を注ぎ、「これ、食べっかい?」と津軽弁のイントネーションが混じる函館弁でサービスしてくれたり、毛ガニの胴体の殻（なぜか蟹味噌や身が結構残っていて……）を皿に黙って置いてゆくから、結局はおかわりをしてしまう。

そして、その横では、ちょっと図体のデカい弟子が丼メシ三杯かっ喰らっていた（その中の一杯は、ゲスに生ウニを一箱そのままぶっかけて喰っていた）。なんともおバカで、超極楽な函館ツアーだったのであります。その土・日の函館競馬の方は少しだけ勝った記憶もありますが、弟子が行きたい大人の遊びはそれだけではないから、それは結構な散財をしちまいました。これは『放蕩息子のたとえ話』とは真逆な、まったく教訓なんかは持ちえない「放蕩弟子のやり放題」という師匠の財布がカラになるお話でした。

しかし、これが作家のバカな所と良い所。「転んでもただでは起きぬ」というか、面白さを感じたものは全て、自分のフィルターを透すことが可能ならネタとして存在する。それがクリエイターの性!?

「コレってさぁ、どっかで使えるかも!!」

その時に考えたのは、こんな感じ。例えば、六本木のバーで出会った大人の男女。男は女を口説きたいし、女も満更イヤなわけではない。そこで男の口説き文句が「一緒に美味い朝メシを食わないか?」で、その女の答えは「だったら、今まで生きて一番驚くほどの美味しい朝食、『ティファニーで朝食を』よりも素敵な朝食なら良いわ?」の言葉。男は悩みつつも、閃いたアイデアが日本の究極の朝メシ? それは、あの青い列車「寝台特急・北斗星」の上野発十九時三分のラブ・トレイン。男の誘いで女が目覚めた時には函館朝市のソレだったってな感じでした。

そのネタ自体は、結局使う機会がないままに時間が経ったのだが、二年前くらいにDVDで観たTVドラマ「か、その映画版。確か、鈴木京香出演の『セカンド・バージン』(NHK)だったと思う」の中で、かなり似ている男女のヤリトリを物語のサイド・ストーリーとして挿入させておりました。「あっ、先にやられてしまった! パクられた!!」と、普通は作家として思うはずなのですが、その時はさほど悔しさもなく、逆に妙な淋しさだけを感じたのを覚えています。それは、あの青い列車「寝台特急・北斗星」が、もう自分の目の前から消えてしまったから。
　そう、今となっては、パクリだろうが先にやられたネタだろうが、最早「寝台特急・北斗星」でのリアルな撮影は、もう誰にも作ることが出来ないネタになってしまった。もう一つの「寝台特急・カシオペア」も北海道新幹線開通の前に、フィナーレとなってしまいました。先ほど少し書いた大昔の寝台車の話。寝台特急だけでなく急行や鈍行もあった寝台車。そのB寝台上段のベッドなんかは、そりゃあ寝られたもんじゃなかったし、全身が揺られまくる低周波電気ビリビリの罰ゲームなんかよりも辛い拷問だった。でも、高校生時代の修学旅行や大学受験の帰りなど、昭和二十～三十年代生まれの人間（道産子なら絶対に乗ってる）にとっては、やっぱり昭和の良さがまた消えてゆく様であり、とても淋しいものであります。とてもイイ味出してた旧スタンドが消えて、何の個性もなくなり、全国の何処とも全く変わらなくなってしまった函館競馬場。そのオープンに行った時の淋しさと同じようで……。すみません、「朝イカ定食」の話から郷愁を誘う「寝台列車の終着駅」の方へと趣旨が脱線したので話は廃線。「朝イカ定食」の話へ戻しましょう。

　とにかく美味い魚介類を普段食べてきている道産子にとっても、「夏の函館の活イカ」は格別の美味さと言えます。毎朝、目の前の海で獲られているから真っ黒の真イカが浜へ届けられる。イカ釣り船の漁火に寄ってきた真イカことスルメイカは、擬餌針《ぎじばり》で引っ掛けられて釣り上げられた際には、胴体をクルっと丸めて船上に上がってきます。そして、体の表面にある変幻自在の色素を変えながら、最後には真っ黒になってゆく。あの液晶テレビのパネルは、イカの皮をヒントに研究され生まれたといわれています。イカ喰い日本人が世界に誇る〝ザ・ジャパン〟の高い技術力です（でも、研究のモデルになったのはスルメイカではなく、たぶん「ヤリイカ系のイカ」だと思われますが）。そして、さっきまで生きていた真イカがその黒い色素を落とすことなく「コリコリ」「プリプリ」の食感そのままに食卓へ上ります。まさに、地の利と旬を兼ね備えた「函館の真イカ」の究極的な食文化であります。また、「道産子ならイカの刺身は、絶対に生姜で喰う！」の信念は、腹を斬っても譲らない！　いやいや、「腹のベルトを切っ

イカ刺しは生姜で喰う　写真:KOBA

ても」でした。

そんな会話の返しに「そりゃあ、イカん！」と駄洒落を使うことで、真剣に面白いと思い込んでいる昭和二十年代以前生まれの人間が多くおります（例えば、土曜日朝の旅番組のＭＣとか?）。そんな笑いのセンスや芸術性の感性は、舌の味覚や頭の学習力などと同様に生まれもっての能力と五歳までに育った環境や経験によって善し悪しが決まってゆくらしい。だから、北海道日本海側の雪解け頃にしか採れない「細布昆布」をわざわざ取り寄せて、都内の小料理屋で味噌汁を作ってもらって飲ましてやったら「こんなもん、『ワカメ』との違いなんか味を見分けることなんか全く出来ない！」と言い出した埼玉県出身のアホたれ。

また、敢えて脂が落ちている季節の魚「春キンキ」を刺身にするために、ひと手間「湯引き」という手法を加えることで再び脂を抜きながらも繊細なキンキの御造りに仕上げた刺身を、北海道の寿司屋まで連れて行き喰わせてやろうとしたら、そいつは「ふ〜ん」と頷いたが、なんということか、他の刺身についていたツマのシソの味が強い大葉を「キンキの湯引き」に包んでジャブジャブと醤油に溺れさせながら喰って、「ポカン」とした顔でいた群馬出身のバカたれ（それぞれの出身県名はあくまで筆者の知り合いです）。そんな舌のビリギャルは、道産子としては春の流氷と共に日本から消し去った方が良いかと心から思う次第（あれっ!?　野郎じゃなかった?）。

さてさて、そんな「道産子は、イカ刺しは生姜で喰う」ですが、北海道では反政府のようなお店が、活イカほどではないけど新鮮な「イカ刺し」を細〜く切って仕上げて、ワサビで喰わせる小樽の寿司があります。貿易と商業の町として北のウォール街と呼ばれた頃の小樽。繁栄を誇った繁華街には、江戸前寿司を真似しながらも地元の生ネタに拘った結果、独特な握りが生まれた。江戸前は通常、仕事をしたネタの上に甘ダレの醤油なんかを刷毛《はけ》で塗ったりするが、その小樽の生寿司の握りは辛めの出汁醤油を塗ることで仕上げていった。それが生ネタの小樽前寿司。

酢飯もご飯である。寿司のシャリはヒト肌で少し温かいほうが美味いのである。しかし、温かいシャリで生ネタを握ると、数秒で鮮度は落ちると言われている。だから、その小樽前の刷毛醤油は、結果として理想的な生寿司の握りになったのである。そのため、お客は寿司をムラサキ（醤油）の小皿に付けずとも、職人が握った寿司をタ〜ンと置かれたらパクッと口の方に運ぶ。「タ〜ンとパクッ、タ〜ンとパクッ、タタ〜ンとパクパクッ!」。これのキャッチが小樽前寿司だった（そんなテレビCMじゃないから、それはなかったと思うが……）。

そんな刷毛醤油を使った小樽前寿司の代表格の名店があり、その名前は『清寿司』。名前は至ってごく普通だが、その〝小樽のすきやばし次郎〟こと店主である寿司職人は超派手でポップだった。倶利伽羅紋々《くりからもんもん》よろしく、全身に極彩色の彫り物が板前法被《はっぴ》から覗いていた。また、値段の方もかなりハイテンションなポップで、カウンターで家族三人が好きに食べると届く明細は一万円以上、昭和三十年代前半当時の大卒初任給を超えていた。しかし、お味の方は「べらんめぇ〜」で、店主の背中にある「くりからもんもん」の不動明王の化身が、美味さへの甘さやぬるさを絶対に許さなかった。

　五歳くらいの記憶の中で覚えているのは、秋口の積丹沖で上がる黒マグロの美味さ、その寿司ネタの味とデカさは驚きだった。美味い生ネタが数ある中、北海道でもマグロだけは格別で、当時から味のパフォーマンスを考えていたんだと思う。逆に読者の皆さんは、北海道にマグロのイメージはないかもしれないが、本マグロこと近海の「クロマグロ」の日本一（ということは世界一）は、日本海で対馬海流から上がってきて、秋に北海道「焼尻島《やぎしりとう》・天売島《てうりとう》」の手前でUターンした留萌沖や積丹沖で獲れた、パンパンに肥え太ったマグロがナンバーワンだったのである。青森の大間が有名になったのは最近で、あの奥尻島地震（北海道南西沖地震・一九九三年）のために多くのマグロが日本海で北海道へ上らずに津軽海峡へと右折してしまったのだという説もある。

　『清寿司』に戻ると、そんな秋のクロマグロは大トロ・中トロ・ネギトロ、そして赤身（当時は、中トロや中オチという言葉は「あったか、なかったか？」くらいの感じで……）は、どれも格別の美味さ。だったんですが、唯一、筆者の記憶では、さすがの『清寿司』でも秋から冬以外のマグロは「えっ!?」というのを覚えている。そりゃそうだ、それ以外の季節は北海道でクロマグロは獲れない訳で、冷蔵や冷凍の技術が進んでいない当時だから築地から北海道へやって来たマグロは高い割には美味くもなかったに違いない。それでも、その北海道でもマグロは寿司屋では欠かせないネタ。店主の背中「くりからもんもん」も分かっちゃいるけど飛鳥・清原状態で、秋口までの執行猶予で目をつぶっていたんだろう。

で、『清寿司』は次の世代の店主で小樽の繁栄と共に消えてしまいましたが、その刷毛醤油の流れで今も美味いのが、スルメイカを細めに切った造りをワサビで出す『幸寿司』。『清寿司』のそれに比べると、この『幸寿司』は実に地味で、客商売なのにお店をやっている全員が全く愛想がなく、それが違う意味でファンキーである。値段は、『清寿司』とは違ってファンキーではないが、そこそこ。小樽や北海道の寿司屋さん自体が昔から安くはないので、しょうがない感じで、ネタを頼んでも返事は来ないけど、大丈夫で「タ〜ンとパクッ」は相当に美味い寿司屋さんだと思います。イカの耳のコリコリの握りも美味い。でも、会話が面倒（?）かも。ちなみに、小樽の刷毛醤油の流れを継承していて超リーズナブルで美味いのが、駅近くのアーケード商店都通りのチョイ曲がった路地に入った寿司屋さん『みよ福』です。美味いし安いし、ご夫婦がシャリと同じくあったかい。愛想の笑顔も返して頂けます。お願いだから筆者が生きている間は、お店を続けてくれますように……。

　さて、この章の方もまた路地を曲がりまくっております。そろそろスルメイカが白くなっちまう前にメを「タ〜ンとパクッ」で。一概にイカと言っても、日本人が食べているイカには多くの種類があります。一時、「アルゼンチン・マツイカ」や「カナダ・マツイカ」（どちらもスルメイカの仲間）や「パタゴニア・ヤリイカ」などのイカが輸入されました。でも、日本で食べられているタコ消費量の七割がモーリタニア等のアフリカ産であるのとは違い、イカの方は日本列島沿岸で獲れる最もポピュラーなスルメイカに、冬の定番・槍イカとその上級品・剣先イカ、紅白揃い踏みのシロイカにアカイカ、身が厚い甲イカ系のモンゴウイカにスミイカ、最上級とされているアオリイカと人気が高いホタルイカ等々、豊富な種類と多くの漁獲量、鮮度が美味さには重要であるイカが純国産として食べられております。

　そして、その中では個人的にはやはり素直にイカらしい函館のスルメイカが好きです。しかし、函館で獲れる季節でも東京の魚屋さんにイカについて聞くと、必ずこう言い返されてしまいます。

「今、刺身に良いイカない？」

「だったらシロイカだなぁ〜、今のヤリは身が薄いからさぁ」

「あぁ、シロイカかぁ、正式名は『ブドウイカ』でヤリイカ系のイカですよね。で、スルメは？」

「スルメなんか……あんた……（嘲笑）」

そんな感じであり、そのシロイカことブドウイカは剣先イカの季節型であり、一般的な評価は「その身は柔らかで、上品な甘みあり」ですが、道産子としては……。四十年も前、初めて東京のお寿司屋さんに連れていってもらった時の印象が「えっ、イカが白い！　なんで透明じゃないの？　えっ、エビが煮てある！　生のエビがない？　えっ、タコが赤い！　噛むとシャリシャリして生っぽくないし味がない。それと……（これ以上は長くてウザいので、その先の評価コメントはカットします）」なので、まるでその時の「霜降り和牛が最高だろ！」と偉そうに言われて「そうかぁ？　ホントに牛が美味いのは赤身の牛だろ！」と思ったのと同じ様な感じがしています。但し、スルメイカの場合は確かに鮮度が全てであり、子役が子役になるためには子役として子役になって子役として人気の子役にしかいられない様なもの。

でも、日本では一番ポピュラーで安くて、そして一番イカ臭くて、その旨味が強い。スルメになるほど旨味が強いから、そのまんまの名前を付けてスルメイカにした古の先人の評価を信じるべきであります。一般的には一番美味しいとされている高級なイカは、剣先イカと日本のイカの中では大型なイカであり、一見すると甲イカの種類に見えるが、「剣先」同様にヤリイカ科に属しているアオリイカの二つでしょう。でも、日本人なら好きなアイドルは手が届きそうな庶民的なタイプじゃなきゃダメでしょ!?　だから、十万枚ＣＤ買って「スルメ」に票を入れちまいます。たとえアイドル同様、新鮮さのピークは刹那であり美味さの花は短くとも絶対に損はしない。安くて美味いスルメイカの方が、どのイカと比べても間違いなくイカ界のセンター、「月に代わってお仕置よ！」とされても構わないほどの美味しさです。

ちなみに、お分かりかと思いますが、スルメイカは北海道だけではなく、日本列島の沿岸（日本海・太平洋）のどこの海でも一年中獲れるイカであります。冷凍も含めると、最近はスーパーの魚売場でも、ほぼ季節関係なく姿を見掛けます。それ故、スルメイカの評価が低いのは当然です。しかし、その白装束を着せられた哀れな老婆の姿は、時間という魔法がかかったため。そんな魔法さえなくせば、誰もがうっとり見つめる麗しのナンバーワンな美人さん。

かなりフリがウザ過ぎたが、スルメイカのイカ刺しの美味さは当り前の鮮度。獲った時間単位で鮮度が刻々と変わってゆくイカなのです。だから、それも究極を求めるなら、身が厚くなる季節に、目の前の海で獲って水揚げされる「函館の夏の真イカ」が、日本のスルメイカでは安近短のロケーション的にベスト。確かに、夜釣って朝にイカ漁船が戻った魚村のイカじゃないと北海道でもなかなか拝むことが出来ない。今の技術なら活けの陸輸送も出来るが、漁獲量の多さと安さが売りでもあり、わざわざスルメイカにコストを掛けられないのが本音である。だから、小樽の市場でさえも、見た目は身が真っ黒の新鮮な活イカで、食べると十分美味いのに、ビックリするほどの安い値段で木箱でド～ンと並んでいるんだが、積丹の港からは一時間半くらい掛けて輸送されて来たイカになっちまった奴らだから、基本的には「函館のイカ」には敵わないのが正直なところである。

しかし、この世の中に絶対はないものである。あんな偉大なのにガッカリな「シロイカ」にしか見えないピート・ローズの発言ですが、だから世界一のヒットキングであるイチローが記録達成した会見のコメント「いつも笑われて来たからやれた……」みたいに、「無理無理」と言われていても潜在的な高い能力を持ち、努力をし続けているとド偉い物が生まれてくる。そんな「そのイカの究極の先の究極」に遭遇したネタを二つだけ紹介。

その一。今でも、基本的には「函館の朝イカ」が究極であることにかわりはないんですが、一度だけ小樽の『鱗友市場』（セリが近く早朝から開いている市場）の中にある『めんめ』という食堂で食べた「朝イカ定食」が「函館の朝イカ」を超えてしまった経験があります。つまり、それは朝イカの究極の究極に遭遇したということ。

函館の「活イカ」であるイカは、実に食感が良く美味いんですが、ともすればコリコリ過ぎるゆえ、本来の「スルメイカの甘みと旨味」が多少足りないと感じるきらいがあります。かなり贅沢な話ですが、その時に経験した小樽の食堂のイカは、食感のコリコリはちゃんと残っているんですけど、そのスルメの甘みと旨味が口の中でふわ～と出始めているなまら美味いイカだったのです。毎日通っていたわけではないので、その経験は一度だけ。それは間違いなく究極の究極だったイカの朝定食だったと思います。イカにそれがあるかは知りませんが、輸送時間が偶然、死後硬直と熟成し始めた美味さの点がピッタリと嵌まったイカだったのかもしれません。

その二。一時、生姜とネギを薬味に食べる函館の「イカそうめん」がブームだったんですが、個人的には汁の甘さがマイナスになって、ハッキリ言って、食としてぬるかった食べ物だと思っていた。案の定、決して受けなかったと思う。イカの活きが器の汁の中でドンドン落ちて白くなるのを見てガッガリ。薬味の生姜の味だけが口中に広がっていただけだった。まぁ、そのイカそうめんは薬味のせいではないから、今でも「道産子なら、イカ刺しはゼッタイ生姜！」と思っております。

だが、これもまた常に変化することが出来る和食の良さ、その新たなイカ刺しの夜明けが来た。その黒船はワサビでも西洋ワサビなんだけど、和製の西洋ワサビ。そんな自らの禁を破る食べ方の活イカをお馴染みの小樽の巨匠『ビストロ小泉』に頼んだところ、「いいイカがあったらいいよ」の返答。帰郷したお盆の時に店に寄ると、その試作料理は結構イケたので、多少ハナタカで紹介してみます。

それは、カクテルグラスに入れて、北海道の山ワサビ（ホースラディッシュ）の薬味をのせ、ブロッコリースプラウトを添えて、その上に昆布出汁を加えた出汁醤油で食べると「究極の上の究極の酒のアテ」になりました。ということで、その時は店の近くの妙見市場にある魚屋で買ったスルメイカが、調理する手前まで活けていて、実にいい感じの硬さと旨みだったせいもあったと思います。料理というほどではないですが、新感覚の味を感じられました。「ソレなら函館じゃなくてもいける?」と、『ビストロ小泉』のマスターに「書いてもいいか?」と電話したら、「活イカがあったらやってやるよ!」だったのでやってくれると思います。

さて、この章の「毎朝食王冠」に戻れば、今は亡き函館朝市の『道南食堂』(店主が数年前に病死され、店は突然閉められてしまった。だから、筆者が連れていったり紹介してきた人間は今、函館へ行った時は朝どこに行っていいのか困っているのがホント)で、「イカ刺し定食」の透明なコリコリ感の活イカと丼メシ(+丼に半分おかわり)を朝から腹いっぱい食べる快感は、間違いなく「朝メシの王様」に相応しい美食だったと思います。

そう、「ブルートレイン北斗星の放蕩ツアー」以来、歴代の弟子たちを連れてゆくのが恒例になってしまい、何人もの人間が『道南食堂』へ行ってきましたが、その全員が初日に間違いなく頼むのがウニ、そしてイクラも……。北海道の朝ご飯はウニ丼・イクラ丼が脳に刷り込まれているかの様に丼をがっつくのですが、二日目、三日目と続けて通うとみんな「イカ定食」と焼き魚なんかをプラスするようになってゆきます。お分かりだと思いますが、ウニやイクラはホント美味いんですが、毎日だと飽きてしまいます。

　しかし、イカは毎日食べても飽きない。昔、サイドのおかずを足してはいますが、十日間以上毎日イカ刺しを食べたことがあります。全く飽きたことはなく、毎朝「美味いなぁ〜」と感じました。実はその間、風邪で倒れていたんですが、朝の「イカ定食」だけはタクシーで食べに『道南食堂』へ行きました。サイドメニューに「銀ダラの塩焼き」or「べニ鮭のハラス焼き」の焼き魚と「ラワンブキの油炒め」を必ず二つ頼んで、カウンターに並んでいる「漬物たち」の色々を摘まんで……ホントの美味かったっす。弟子たちも三日目には、みんな真似をしておりました。

　腹いっぱい食べて、グビッと水を一杯飲んで（何故か、その水が食べた後は妙に美味しかった）店を出て、「じゃあ、最後はデザートでメを」と必ず朝市の果物屋で売っている「赤肉のカットメロン」百円を二キレ両手に持って頬張るまで師匠の真似をしていました。それが、伝説の『道南食堂』でした。

　ということで、この章の最後はデザートの百円の「赤肉カットメロン」のように、再び「据え膳食わぬは男の恥」に戻りますと、あの噺家さんらしくない「活けのスルメイカ」みたいな肌が黒い顔をしている師匠が、その二十歳下のお相手は「据え膳」だったかは分かりませんが、不倫会見までやっておりましたので、ここのメは「イカ」の謎解きなんぞを一発。

「『不倫会見』と掛けまして、『イカの種類』と説く」

「そのこころは?」

「その娘とは、ほんの火遊びのつもりでヤリたかっただけでホテル（ホタル）へ行きました。そりゃあ、今の妻とは別れるからマツイカい（待つかい）？　結納のスルメ（寿留女）になるかい？なんて恋心をアオリ（煽り）まくれば、それは不倫の常套句。マスコミにバレたら、もうモンゴウ（問答）無用。イカだけに……あのベッキーもゲソ（ゲス）の極み川谷やその真面目な好青年ファンキー加藤もスミ（隅）に置けないから?　と言い訳はシロイカ（白い）だけ。もはや、不倫はコウイカ（後悔）先に立たず」

……でやんした。てなことで、お粗末!!

〈第８章〉

香り西洋松露・山鳥茸、味は乳茸

（トリュフ・ポルチーニとチタケ）

日本にあるフレンチのお店が、例のグルメガイドブックに「星」を付けさせるためには、必要不可欠な食材があります。それは「世界三大珍味」。そう、言わずもがなのフォアグラ、キャビア、そしてトリュフです。ガチョウやアヒルの肥大化させたレバーとチョウザメの塩蔵魚卵、そして豚を使って探させる森林の地中に生えているゴルフボールみたいなキノコです。世界三大料理「フランス料理・中国料理・トルコ料理」は分からなくても、質問をされれば日本の老若男女の七割以上が、たとえ食べたことがなくても答えられそうなこの三つ。それくらいテレビや雑誌では紹介されております。「このお肉には、とても贅沢にフォアグラを使っていますよ」とか、「なんと、この上にはあの高価なキャビアをのせているんですよ!」とか、「ウワ〜ッ、この中にはとろけてしまうほど超豪華なトリュフの香りを纏わせているんですよ!!」なんて煽りまくっております。

バブルが終わってもその名残を消すことが出来なかった日本では、「料理にはこの三つを使い美味で高価でありがたい……」という新興宗教に洗脳された信者のような風潮があり、当時はブームになるほどヒットした某料理対決番組でも、やたらと「この三つをレシピの中に使っとけばいい」がありありで、とにかく三つを多用すれば、視聴者も豪華で美味そうに見えて納得」という困った方程式が多く見られた。それ故、それを観ながら筆者は、最近ディスカウントストア『ドン・キホーテ』で売っているパーティ・グッズ『止まらない!　無限ゲップパウダー』なんかを呑んだ時よりも、かなりゲップ状態だったのを覚えています。

その日本語のネーミングでは、昔の東宝の怪獣映画の末期みたいで全然美味しそうじゃない「世界三大珍味」ですが、じゃあ個人的に嫌いかと言えば違う。フォアグラに思い込みは殆んどありませんが、キャビアの松竹梅、その特上であるカスピ海の「ベルーガ（オオチョウザメ）」を口に含ませてドロッとした塩っ辛さを舌に絡ませつつ、キーンと冷やした辛口のシャンパンを注ぎ込んだ感触はデー好きだし、トリュフの卵料理には相性がバツグンの、まるで食の「オシドリ夫婦」を超える「鶴の夫婦」の様に「死ぬまで相思相愛」的で心まで温かく染み込むふわふわオムレツなんかはデー好きです。ちなみに、「オシドリ夫婦」は仲の良い夫婦の代名詞として有名であり、確かにオシドリのオスが鷹などの外敵に対してメスを守るためには命を投げ出すというのは本当なのですが、その番《つが》いが仲睦まじい姿はメスが卵を産むまでの間だけ。それが終わったらオスは、別のメスを求め、番いだったメス置いてその場から去ってゆくそうです。それに対して鶴は相思相愛になったカップルは一生涯、命絶えるまで愛し続けるそうです。渡り鳥の鶴ですが、毎年繰り返す何千キロの大空の旅路を夫婦二羽だけで守り合いながら渡るそうです。上空数千メートル、マイナス数十度の極寒の世界でも、鶴夫婦の愛は天空の果てへと旅立つ時まで、永遠に……。

世界三大珍味に戻りますが、筆者がキャビアと出会ったのは二十歳を超えてから。それまでは、当時の大半の日本人がキャビアと思って食べていた、あの永遠の処女（そういうイメージだった）沢口靖子嬢がCMをしていた「リッツ・オン・ザ・パーティ」みたいにクラッカーの上に盛られていた黒いだけの粒々、チョウザメとはまったく別種類の「ランプフィッシュ」という魚卵のまがい物しか食べたことがありませんでした。全く味がなく、ただ塩辛いだけの塩蔵魚卵。これをキャビアだと思って、有難く頂戴していた人間もいたんです。

ちなみに当時、美人で清楚で超人気の若手トップ女優だった沢口靖子さんのエピソードを一つ。彼女主演の市川崑監督映画『竹取物語』（東宝／一九八七年）の宣伝で、ある番組に彼女が出てくれたんですが、そのトークで、かぐや姫役の衣装である重ね着の十二単を表現するのに「肉襦袢《にくじゅばん》」（演劇やテレビに使う筋肉やぜい肉の着ぐるみ）と言いたかったところを、隠微なエロ隠語である「肉蒲団」と発言してしまい、周りを慌てさせた。当時は清楚な大女優だったご本人は、その言葉が正しいと思いこんでいたみたいで、今の『科捜研の女』（テレビ朝日）の役柄とは真逆のとてもお茶目でボケな可愛い女の子だったと感じたのを覚えています。

ランプフィッシュよりはまだマシな程度の、キャビア最上級のカスピ海ロシア産（イラン産より上で、ロシア産はチョウザメが川へ遡上したところで獲るから）ベルーガとは程遠いネタでしたが、再びキャビアの話に戻りましょう。ガキの頃は図鑑少年だった筆者なので、ランプフィッシュがキャビアではないことは承知おきのコンチクショーでしたが、その頃の本物のキャビアは高かった訳で、ベルーガ級を食するまでは結構な時間を要しました。

そのクラスのキャビアと最初に出会ったのは、業界の某芸能プロダクションの立食パーティの時。ちょっとだけ感動してしまいました。それまでランプフィッシュの毒牙に蝕まれていたが故、写真では見ていたはずなのに、キャビアのイメージは真っ黒い色の粒のままだった。でも、本物のキャビアは真っ黒クロクロではなく黒が掠れ落ちた灰色。北海道の夏、ガキの頃は海へ潜って獲ったマナマコを海パンの中の自分の縮こまったナマコの横に入れて、浜に上がってマナマコを取り出した。それもギュッと縮んだマナマコの表面をもう少し黒くさせた感じと同じ？　って、そう思った（分かんないよね……）。

そして、食すれば口の中は、ランプフィッシュの塩辛いだけの皮の殻の食感ではなく、ドロっと脂を感じると追うように美味さが主張を始める。「うぅ〜ん、シャケ・マスの筋子やイクラと同様だな。卵の皮の硬さなど季節による違いもあるが、基本的には最上級とする筋子やイクラは、口に含むとドロっとした脂の旨味を多く感じるものである。実は、日本の一般的なシャケである白鮭こと『ドックサーモン』の筋子なんかより、もっと美味い筋子・イクラがある。それは、北海道では大助と呼ぶマスノスケこと『キングサーモン』である。その大きい赤い粒から溢れトロけ出す脂の旨味は、半端なく美味しい。紅鮭や白鮭などよりは、やはり値段の方は高くなっているためか、北海道の市場でもお目にかかることはそうそう無いが、これはあまり知られていない北海道の最上級の珍味である。あれはキャビアのベルーガだね」と勝手に思った「これは分かるはず、きっと。最上級とは反対の安い筋子なら。夏が旬のマス子（基本は樺太鱒ことピンクサーモンの卵）は、生っぽさが嫌いじゃなければ脂があって紅子（紅鮭の卵）や鮭子よりも美味いかも……」。

そして、筆者がキャビアを頻繁に口にするようになったのは三十代後半の一九九〇年代半ばあたりか。一九九一年のソ連崩壊後、ロシア経済が、昔の日本の教科書にも載っていたソフホーズだのコルホーズだの国営や半官半民で商業的な競争が無かったそれまでの中央計画経済から、急速に市場原理を取り込み自由経済へと移行していった頃である。ロシア人たちは、一九四五年に日本との条約を裏切ったみたいに北海道へと侵攻して来た。特に、札幌から三十分と近い港町小樽には、シャラポアやイシンバエワでもない、タトゥーをした腹筋だけはバリバリに割れたゴツいだけの丸刈りのロスケ野郎たちが、日本の中古車を船で運ぶためにわんさかやって来た。

彼らのタトゥーや腹筋や丸刈りは飽くまでイメージだが、これは事実。お店などの外にある看板や飾りなどは勝手に持ち去ってしまうし、ウォッカで酔っぱらっていたかは知らないが、中古車を船に載せられず港の岸壁から海へダイブさせて沈めちゃうわ、ツーリングやサイクリングで旅行する若者が仮眠も出来る日帰り温泉施設で毛ジラミを脱衣ロッカーに繁殖させてしまい「ロシア人は出入禁止」となったりするわ……。なので、社会性に於けるドーピング状態、も〜大騒ぎだった。看板など外に置いてあるものは捨ててある物だと思うらしく、盗むつもりはないらしいが、なんせ北方四島を勝手に盗んじまってやがる国だから……。

市民にとっては「弱り目に祟り目」のダブルパンチどころかトリプルパンチだったが、筆者にとっては「故郷の禍を転じて福と為す」ってな感じで、キャビアをしこたま食する機会に出合ったのであります。ロスケ改めてロシ君と呼ぶことにしたロシア人たちが、その時大量に持ってきたのが、なんと結構な上物のキャビアの缶詰。ロシ君たちは小遣い稼ぎにキャビアの缶詰を日本円に替えたがったり、優れた日本製品と交換したがったり。お蔭で、筆者のために小樽の友人が良いキャビアをたくさん手に入れてくれたのでありました。

そうなると、筆者がやりたかったことは当然これ。それは、もちろん「キャビア丼」!!　お箸の国の人だから。そして、キャビアは塩蔵魚卵で筋子やタラコなんかと同じです。そう、炊き立ての温かな白いご飯にベルーガのキャビアをどっさりとのっけて、丼メシでカッ喰らったら絶対に美味いに違いない……と、誰もが想いますよね？　ハイ、やりました。

その感想は、ん〜……不味くはない。美味いんですが、鮭のベルーガである「キング子」こと大助の筋子や昆布を多く漬けてしっとりさせた北海明太子はもちろんのこと、他の章でも書いているカジカの子の醤油漬けの方がご飯のお供としては上っていう結論。キャビアのお供は、どうやらシャンパンであり、下衆にキャビアを頬張ってシャンパンをたらふく飲み過ぎて炭酸が横隔膜を痙攣させてシャックリが止まらなくなってしまっても、やはり「ヒック…キャビアにはヒッ…ヒック…シャン…シャンパンが合っている、ヒック」なんだと。シャックリを止めようと、何度も息を止めて真っ赤な顔をしても、息が苦しくなる頃にはシャックリが出てしまう、そんなことを繰り返しながら、そう確信しました。

続いてトリュフですが、これも筆者が食したのは大人になってから。ですが、たぶんガキの頃からそいつとは度々遭遇していたであろうかと思います。トリュフという変てこなキノコの和名は、この章のタイトルにある通り**「西洋松露《セイヨウショウロ》」**です。石灰岩土壌の広葉樹のカシやナラの根に寄生して地中で育ってゆく、通常の茸とは外観が異なりカサやヒダや柄も欠けて歪んだ塊状をなした菌根性のキノコ。ヨーロッパではスペインやスロベニア・クロアチアでも生産しているが、生産の中心はヨーロッパの「食」の核となるフランス・イタリアであり、その高級食材として最も珍重されるのがフランス産のペリゴール・トリュフこと黒トリュフと、イタリア産の白トリュフである。

となると、「白と黒はどっちがいいの？」というのが人間ごく普通の好奇心。香りの食材だけに、人間のイメージからは黒の方が匂うから上の様な感じがする。もし、それを大阪のおばちゃんに聞いたのなら「トリフって黒と白があんねん？　そんで、そのドリフってヤツはなんやねん？　ドリフの志村けんなら『だっふんだ』で知ってるやんがな。あと、オセロの白いのと黒いのなら知っとるわ。おもろいのも分かる。天然でおろもいのは白い方やね？　黒いのんは、霊媒師なんかに洗脳されて漫才師からＡＶになってもうたんやんなぁ……。えっ!?　ＡＶじゃなくてヌード写真だけ？まぁ、似たもんやねん、このおばちゃんのセーターの柄みたいなもんやねん？　セクシーな女豹の柄……」となるに違いない。で、その好奇心に答えるのならそれは、イタリア産の白トリュフがフランス産の黒トリュフの四〜五倍くらい香るし、その値段も同様の倍数で高いのです。

まあ、どっちにしてもパリっ子のプライドと鼻の高さの様な高嶺の花。そのパリっ子でも「星」が付くグルメガイドに載っているお店は別として、一般的に通うビストロでは黒トリュフや白トリュフを使った料理にお目にかかることはなかなかありません。パリに大阪のおばちゃん的な人種がいるなら「え〜やん、お好焼きにトリフだかドリフを入れてくれたらえ〜やんか？　ついでにソースの方も広島のおたふくソースやどろソースより美味しいドリフのヤツを頼んまっせ」と香りを台無しにすることは置いといて、庶民的なパリっ子のために、近年は高価なトリュフの代用品として中国産の「イボセイヨウショウロ」という廉価なトリュフが大量に入荷されていて、他のヨーロッパ各国にも輸入されているようです。

実は、本場であるヨーロッパよりもトリュフの土壌的にはアジアの方が向いているという説もあり、産地や種類の未解明部分も多い。あくまで個人的な考えだが、中国産トリュフの殆どの産地は雲南省であり、そこは世界最大級の大理石を採掘する地域。石灰岩の土壌がトリュフの育つ環境にはピッタリな地質。方程式が当てはまる。そんな豚がフェロモンの香りを求める媚薬とも言えるトリュフの中国の産地、猪八戒の中国人にとって、その雲南省は桃源郷の地であるらしい。それは裏を返せば、人生に堕落した者たちの「冥途への一里塚」とも言える「目出たくもあり目出たくもなし」という場所らしい。海はないけど、中国人にとっては「天国に一番近い島」なんだそうだ。

それを数年前、大連の雲南料理のレストラン（雲南省に魅せられたオーナー店長が開店させた）で、そのオーナーと知り合いの北京大学出身で日本大好き（歴史的に大連は満州への入口だったので親日家が多い）の日本語ペラペラなバンカーマン、中国の半沢直樹が「雲南省は日本の沖縄、あそこに行ったら働かなくなるから……」と言っておりました。「だったら、中米のカリビアンやエーゲ海のギリシャ人の方が的確かも？」と思いつつも雲南省の料理を食してみると、有名な昆虫食料理は置いといても、確かに他の中国料理なんかよりもあっさりで食材を活かしていて結構美味しかったです。ベトナムなどのインドシナの味付けもレシピには混じっている。そこで筆者が「はは〜ん、雲南省は少数民族が多くいるところだから、オネェちゃんも混ざっていて綺麗なんじゃないの？　天国の要素の一つとして?」と突っ込むと、中国の半沢直樹は「女性のハーフは、倍増しの倍返し!!」とニタリと返した（すみません，オチをその頃のネタで作ってしまいました……）。

話を戻すと､雲南省のトリュフはイボセイヨウショウロだけでなく､最近は黒トリュフに近い「セイヨウショウロ」も採れるようである。では、我が日本列島のトリュフについて言うと、冒頭に書いた「ガキの頃から遭遇して……」の通りに、昔は知らなかっただけで、日本産トリュフはあります。北海道でもガキの頃は、胞子がホコリの煙幕みたいに飛び散るキノコ「ホコリ茸」と新ジャガの男爵イモの未成りみたいなキノコ「ショウロ」は蹴飛ばして遊んでいた。そんな風に、ショウロは落葉の松葉林や雑木林でも頻繁に見つかった。

日本のショウロも、もちろん食べることが出来る。しかし、揮発的なフェロモンを発する香りのセイヨウショウロとは生物学的には多少違う種類のようだが、ガキの頃には見た物とは違うショウロを何度か見つけたことがあった。黒くて匂いがするショウロと出会ったことも記憶の中ではあります。それがフランスの黒トリュフかは判りませんが、最近の調査では日本のトリュフの種類は十五種類ほどあるり、北海道で採れるモノもあるそうです。その中では、日本産としては高級トリュフである「クロアミメセイヨウショウロ」という夏トリュフと呼ばれる品種もあるそうです。

ガキの頃は知らず食べることが出来なかった北海度産トリュフを使った、ヒレステーキにフォワグラとトリュフのソテーとを添えた「トゥールヌド・ホッキャードニー」こと北海道風ステーキを喰いたい。その料理ですが、実はパクリ。南仏のバカンスが舞台の『南仏プロヴァンスの昼下がり』（河出文庫）などの著書で知られている作家ピーター・メイルが紹介した料理で、日本でも話題になったステーキ「ロッシーニ風ステーキ」が世界的にも有名な本物。でも、そのパクリのホッキャード風ステーキは、北海道・八雲の短角牛を使用してドライエイジングの熟成をさせた赤身牛の肉なら、フランスの本物を超える美味さに仕上がるはずです。それもお手軽に!!

ということで、トリュフに限らずキノコは生物学的には未だ未調査の部分も多い。また、毒性を含んでいる種類も多く存在するので、食用に関しては余計に未調査の部分が多い植物といえる。例えば、北海道では秋と季節を間違えて春でも採れる「タマゴ茸」という絶品のキノコがあるんですが、そのキノコは、あの毒キノコの親分ともいえる猛毒の代名詞（と言うほどでもなくて、食べたら死に至る猛毒のキノコはもっと他にも多くあるが……）、面構えが如何にもという極彩色のキノコ「ベニテングタケ」の仲間である。これは推測ですが、たぶんベニテングタケって癖になる香りや食感があって食べたらきっと美味い気がするんですが、如何でしょうか?

なので、もしベニテングタケを科学的に解毒させたり、近親のタマゴ茸とかけて品種改良させたりしたら絶品キノコの美味い食材が生まれるかも、どうでしょうか？　少なくても「エリンギ」よりは美味いはずなので、茸と言えばホクトさん、宜しくお願い致します。ちなみに、タマゴ茸のことをここで書くなら、「玉子茸洋風混御飯」にします。実は、このタマゴ茸を食材に使って洋風混ぜご飯を炊くと、なんと「パエリア」になっちゃうんです。不思議なことに、サフランを入れなくてもタマゴ茸から色素がご飯に染み出して黄色いパエリア風になるんです。キノコの出汁からでる一風変わったた美味なパエリア、そこへ北海道の新鮮な海老・蟹やムール貝の数倍出汁が出て美味い「エゾイガイ」（本来の北海道のムール貝）などの食材を入れたら、まぁ〜絶品です。

さて、トリュフのように高価ではないが、庶民的なパスタやリッゾト、ピッツァなどには欠かせない香りのキノコがあります。そう、最近は日本のイタリアンのお店でもフェットチーネなどの平麺パスタにクリームソースをベースで仕立てたパスタ料理なんかが人気で、もう日本人にも随分と耳慣れたそのキノコの名前は「ポルチーニ」です。そして、そのポルチーニというキノコは、イタリア産だけのキノコなのか？　果たしてトリュフと同様なのか？　もう、答えはお分かりでしょうが、正解はこうです。イタリア産ポルチーニのヨーロッパに於ける割合は、たったの十パーセント弱。残りの九十パーセントはポーランド産。ポルチーニのポーランド名は「ボロヴィック・シェラヘートニィ」で、「貴族名が付いた針葉樹の森のキノコ」と呼ばれている名称であり、昔からポーランド国民が珍重してきたキノコ。ポルチーニを使ったポーランドの家庭料理も数々存在します。

では、日本にポルチーニは？　どんな針葉樹のキノコなの？　日本のキノコ狩りでは、まだ採る人間はあまり多くないようですが、やはり日本の森にも間違いなくポルチーニが生えております。その和名は**「ヤマドリタケ（山鳥茸）」**。「イグチに毒なし（最近は毒がある種類も存在することが分かってきたが、それほど強い毒ではない。そのため、煮ると毒が薄くなるので分からなかったそう）」という、北海道民がこよなく愛している「落葉キノコ」こと「ハナイグチ」と同じ種類のイグチ科に属するキノコです。そんな日本のポルチーニことヤマドリタケですが、やはりポーランドの針葉樹のキノコ同様、生粋の寒さ好き。寒冷地帯に生える北海道のエゾマツなどの混生林によく生えています。ですが、日本のポルチーニの場合は幾つかの種類が存在しています。一番多く生えているのが、なんと針葉樹のキノコではなく広葉樹に生えている種類のキノコ。そして、その可哀そうな名前が「ヤマドリタケモドキ」なんです。

さっき「生粋の寒さ好き」と書いたのは、この「なんちゃってキノコ」があったため。日本各地で生えるキノコです。ちなみに、その「モドキ君」ですが、確かに本家のヤマドリタケと比べればその香りは「なんちゃってヤマドリタケ」だけに割引はされておりますが、香りを楽しんで食べるには充分の範疇であり、逆にポルチーニの香りが強過ぎない料理にはプラス。和食のレシピなんかには向いた料理もあるはず。例えば、松茸の炭焼き風に醤油を垂らしてスダチを絞って食べてみたりする。または、土瓶蒸しなんかにして、それを楽しんだあとには残しておいた出汁とキノコを足し、その中にご飯を投入、チーズなんかも入れて再び煮立ててオジヤにすると、和洋折衷風リゾットになるってぇのは良いかも？

そんな日本のポルチーニだが、そのヤマドリタケモドキが京美人なら、色んな意味で濃いチッチョリーナみたいに繊細な味わいはゼロだが、物凄く濃い香りがある「アカヤマドリタケ」という種類もある。ヤマドリタケモドキよりもあっさりした「ムラサキヤマドリタケ」というのもある。飽くまでも個人的な感覚ですが、日本の食は、フレンチや中華よりもイタリアンを好む人間が増々多くなる気がします。和食であるラーメンの進化形も、既にイタリアンの要素が入り始めている時代。そういった意味では、ヤマドリタケの生キノコの和製ポルチーニが家庭の食卓に並ぶ日が来るかもしれません。それには、これも食の屯田たる北海道の大地の研究が必要かと。そう、日本にとって北海道は、まだ全く荒らされていない未開の大地、キノコの宝庫でもあるのです。少し前にはなるが、小樽でのゴルフの帰りに覗いた初秋の松林は、五十年前のガキの頃と変わらぬ景色。林にチョイ入っただけで大量のキノコがニョキニョキと一面を覆っているし、訳が分からない物凄い種類のキノコがありました。この中には、美食家を唸らすキノコも間違いなくあるはず。

しかし､何故か道産子のキノコ狩りといえば､昔からバカの一つ覚えみたいに落葉キノコ狩り（前述した、北海道では「落葉樹」と呼ぶ日本で唯一落葉する針葉樹「カラ松」に生える落葉キノコこと和名「ハナイグチ茸」のこと。でも、日本全国の林でも割と普通に見られるし、秋になると関東近郊のゴルフ場にも生えているようなキノコなんですが……）だけ。まぁ、確かに茄子を入れた味噌汁や大根おろしの酢もの等は道産子の食文化として美味しいとは思いますが、個人的に一歩退いて語るのなら「そこまで珍重するほどのキノコですか?」と思っています。

ガキの頃、祖父から教えてもらった天然のマイタケやシイタケ、スーパーの棚に並んでいる姿とは全く違うエノキタケやナメコは、珍重する落葉キノコと変わらぬ美味しさだった気がします。だから、昔の（今も?）道産子が採るキノコは、その他に「ボリボリ（これも東日本では、結構お馴染みの「ナラ茸」）」くらい。キノコの種類が多すぎるから、「落葉やボリボリ」はどちらも毒キノコと間違える確率が低い安パイなキノコだからという理由もあるようです。それ故、道産子はキノコ狩りに興味が薄く､北海道は開墾されてない美食未開の大地なのです（北海道のキノコといえば、ぶなしめじ・まいたけ・エリンギの苫小牧、えのきだけの愛別）。だから、北海道で松茸が採れることが分かったのは､つい最近のこと。北海道には赤松がないので松茸は生えないとされていたが、ちゃんと調べたら富良野のエゾアカマツの林に生えているのが見つかったのです。もしかして、その情報を年配の道産子は今でも知らないかも？　栃木県人の爪の垢を「サルノコシカケ」と騙して煎じてやりたいです。ということで、迷わずに最後のキノコに辿り着けました？

この章のラストは、香りのキノコではなく出汁がメッチャ出る珍味な日本のキノコを紹介。栃木県人にとっては「山で遭難して、崖から落ちて死んで迄も食べたい」というキノコがある。地元では「チタケ」と呼びますが、正式の和名は**「チチタケ（乳茸）」**。夏から秋にかけてブナ科の林に群生するキノコ。その名称のごとくキノコの表面に傷をつけると多量の白い乳液が出てくる。そう、ゴムの木に傷をつけると液が出てくるイメージであり、実際に天然ゴムが生成できるポリイソプレンという低分子の主成分と同じ成分がある。だが、匂いを嗅ぐと基本的には無臭。でも、舐めるとやや渋みがある。なら、噛んでみるとボソボソとした食感で決して美味いとは思えないキノコである。「やっぱり、所詮は餃子しか食ってない栃木県人。その餃子だって美味いと思ったことがない場所だから？」と飽くまでも個人的に思いつつも、栃木県出身の弟子から貰ったチタケを、彼から言われた通りに料理してみたら、これはビックリだった。そのアツモリ風つけ麺というか、釜揚げうどん風というか、鍋揚げっていうかの「チタケうどん」は、べらんめー美味かった!!

昔から（江戸時代からで）、栃木県の知識者や文化人なんかに食されてきたチタケうどんですが、レシピを簡単に言うなら、チタケこと「乳茸」と茄子を油で炒めて（昔、茄子は茸の毒消しと思われていたから一緒に使うようになったが、実際は味の匂い消しで相性がとても合っている）、醤油のだし汁を入れてめん汁を作り（一晩冷蔵庫で寝かせると、より美味くなる）、熱々の汁を器に茹でたうどんを入れて、つけ麺風にネギと生姜を薬味として入れてフーフーしながら食べるだけ。でも、その得も言われぬ独特のコクがキノコから汁に出ていて、食べるほどに強い旨味を半端なく感じたのを覚えています。何度も言いますが、茸の身自体は食感もなく美味くはないが、その汁を吸った茄子がとにかく美味い……。

これは、匂いは松茸に劣るかもしれないが、旨味では優るキノコであり、まさに日本のトリュフでありポルチーニなんだと思います。そんな栃木産のチタケですが、今は林の伐採も加速したがために県内で採れるチタケは、ここ数年なかなか手に入らない状態だそうです。今でも減少傾向にあり、国産の松茸よりも高額で取引される場合もあるそうで、ホントに貴重なキノコになってしまったようです。そこで、ここの話の構成を北海道のキノコの現状へ繋いでゆきましょう。どうやら、チチタケは、北海道にも生えているそうです。北海道の林でゴロゴロ生えているかは、まだ調査はしていませんが、栃木県の「チタケ狩りで崖から落ちて死亡」というニュースにはならないくらい普通に採れるそうです。絶品のチタケうどんが、世界へ誇る珍味として一般的な食卓へ上ることを願ってこの章を終えます。

というか、綺麗に終わり過ぎるので、最後に一つだけ筆者世代のキノコに関したネタを。筆者が小学校低学年だった頃に観た映画で『マタンゴ』（東宝）という邦画があって、これがまた実に味わいがある映画だったので紹介してみます。一九六三年上映、日本のファンタジー・スリラー映画というか、特撮ホラー映画というか、東宝の「変身人間シリーズ」の番外編的な作品とキャッチフレーズが付いた映画。Ｂ級映画という人間もいますが、メジャーで「若大将シリーズ」と二本立て上映された映画。ストーリーはというと、豪華なヨットで海に繰り出した七人の若い男女が遭難して、無人島に漂着したが、そこはキノコに覆われた孤島であり食料はない。見つかった難破船には、わずかな食料が残っていたが生存者はおらず、その航海日誌には「船員が日々消えてゆく……」と「キノコは食べるな」の警告だけが残っていた。初め、七人は協力していたが、やがて、それぞれ自分が可愛いと思いだし、食料と女性の奪い合いを始める。飢餓と不和の極限状態。すると、七人の前に不気味な怪物が出没し、一人、また一人と禁断のキノコに手を出してゆく。みんなキノコの怪物になってゆき……という内容の話。

筆者が八歳、観た時は結構ショックで正直怖かった。あのハリウッド映画監督のスティーブン・

ソダーバーグ［『オーシャンズ11』シリーズ（ワーナー・ブラザース）］などの監督）も子供の頃に観たらしく、かなりショックを受けて、その後はキノコが食べられなかったそうです。筆者はというと、キノコが食べられないということは全然なく、相変わらず早熟の感覚なのか、水野久美さんという女優さんの濃いお顔で毒キノコを食べる姿が、とても怖いんだけど妙にセクシーで心に残りました。また、一人生還した主人公のラスト・シーン、キノコを食べずに生還したが胞子を被ったがために顔がキノコになり始めていた……というオチは色々と感じたし、嫌いじゃなかったです。

そうなんです。この映画の特撮監督が円谷英二監督であり、キノコ怪物のシーンは、その後に監督が『ウルトラマン』を作った時にバルタン星人の声に流用されたもの。その前の、あの名作『ウルトラQ』のテイストは、まさに『マタンゴ』のオチそのものだったと思いました。まぁ、そんな早熟なガキだったので、キノコはバリバリ大好きで食べていましたが、やはり早熟野郎のためか「体に付いているキノコ」の方はその当時から全然成長してないようで、実に粗末なまんまでした……と、そんな情けない下ネタと自虐ネタで落とそうかとこの原稿を書いていたところ、パソコンの液晶画面を覗いたラーメン仲間の愛娘が一言。

「そんな、お粗末君のモノで、私たちはマタンゴに生まれて来たんだけど、パパ?」

ん～、色んな意味で、お粗末!!

〈第９章〉
成女思㔫汗鍋（ジンギスカン鍋）

札幌・ススキノには、**「ジンギスカン（成吉思汗）鍋」**のお店が多く並ぶ。美味しいジンギスカンを堪能した後、ネオン街の肉食獣になった野郎どもは、別腹用の「ラム」を求めてキャバクラへと一直線。途中途中に、その時代に合わせた店名、例えば映画『タイタニック』が話題になれば「パイパニック」、『クレヨンしんちゃん』が流行ったら「ぬれよんチンちゃん」などという躊躇うことがないおバカなコンセプトに誘われてしまうこともしばしばだが、辿り着いたお目当ての店に入った際に、美女たちから必ず言われる挨拶の言葉が「あ〜、ジンギスカン食べたっしょ？」。六本木や銀座あるいは北新地や中洲、日本の繁華街は数多かれど、そんな挨拶が存在するのはススキノだけ。そう、ススキノでは、ジンギスカンのニオイは「匂い」の文字が宛てられる。そんな匂いを感じた北の美女たちが、「私も食べたい……」と言う。

そうなんです、もしかして「北のラムちゃん」とアフターが成就するかもしれない？　それが、札幌・ススキノだっちゃ……。その発祥は意外に新しく、歴史と分類など、ジンギスカンに纏わるうんちくを読めば、「臭い」が「匂い」に変わること間違いなし。そして、耳元で語るうんちくで「北のラムちゃん」を納得させるための章である（個人的には、最早「マトンさん」の年齢が好みなんですが……）。さて、スタート!!

マトン（成羊肉）を熟成肉にしすぎてカラカラの干し肉になりかけている様な筆者の世代は、若い奴らに対して「お前らってさぁ、生まれた頃からテレビがあった世代だからなぁー」と言ったが、これもまた随分と昔の話になってしまった。今は、「えっ、テレビなんか部屋にないけどぉ!?」と言い、パソコンすら必要ない、スマホだけありゃ充分というのがラム（仔羊肉）くんと呼ばれる世代、そんな時代です。

日本のお茶の間にテレビがやってきたのは、東京オリンピックの前。お父さんが、無理矢理に月賦（ほぼ死語の言葉でローンのこと）で高価な白黒テレビを買ってくれたんだと思います。その東京オリンピックは一九六四年、筆者の世代は小学生になっていました。そんな世代の道産子にとってもう一つ、その頃まで北海道なのに家庭にはなかった物があります。それは、なんとジンギスカン鍋です。あの被るには浅いし重くてゴツすぎる鉄兜のまがい物みたいな鍋を、現在の北海道の家庭では最低一個は持っております。しかし、その鍋が道内に普及したのは、東京オリンピック後なのであります。それまでは、北海道のお肉屋さんには、豚肉と鶏肉しか並んでいませんでした。関東の肉文化と同様、北海道の一般的なお肉屋さんには牛肉なんかは売ってなかったし、ましてや羊の肉なんぞは、マトンの「マ」の字もないくらい皆無でした。

北海道の牧場のイメージは、牛や羊が緑の大地でたくさん育てられている感じ。たしかにその通りなんですが、牛はホルスタインの乳牛であり、食肉牛の飼育はしていなかったし、羊も羊毛用に飼育していましたが、イメージほど実際の放牧数も多くなかった。だから、食用の羊肉なんぞ一般家庭には入ってこなかった。また、今の鉄兜のまがい物みたいな鍋で肉と野菜を焼いて、スープ風の汁につけて喰うというスタイルを完成させたジンギスカン鍋ですが、そのルーツや命名なんかは文献でもかなり曖昧のようです。

個人的な見解ですが、中華料理にカオヤンロウという羊肉料理はあるが日本のジンギスカンとは程遠いし、その料理に出会った日本軍の誰かが満州から持ち帰って、その着想を日本人向けにアレンジしたという説も果たして……時代的には程遠いような気がする。また、「成吉思汗鍋」という言葉が初めて掲載された大正十五年の「素人に出来る支那料理」がルーツというのも、中国の「鍋」の字は火鉢のことだから信憑性が乏しいし、これは間違いなくネタの範疇といえるが、逃亡した源義経が北海道を経由してモンゴルに渡ってジンギス・カン（チンギス・ハン）になった伝説から料理名が付いた……というのは大阪人が言う「チンギス・ハン、フビライ・ハンを聞いて、モンゴルのお偉いさんは『ハン』が付くんや!! そんで、さんまも間寛平のことを『カンペイ・ハン（さん）』と呼ぶんやねんなぁー」というレベルのネタでしょう。

その他、北海道最初の成吉思汗鍋の営業をしたお店は、一九四六年に札幌に出来た『精養軒』となっていますが、そこで出された料理が今のスタイルのジンギスカン鍋かと言えば絶対に違うはず。

そんな感じで、他のどの情報も眉唾ものばかり、チンギス・ハンとカンペイ・ハンと変わらぬ程度のものであると推測出来ます。

なので、筆者は勝手にこう思うことにしています。たぶん、現在のスタイルのジンギスカン鍋の成り立ちは、港町・小樽市とニュージーランドの南島にあるダニーデンという港町を結ぶ航路ができ、友好都市として頻繁に行き来することになって物資を安易に運ぶことが出来るようになり、超安い冷凍マトンが北海道に入って来るようになったからだと思います。その頃の輸入関税についてはあまり詳しくは知りませんが、当時のお肉屋さんの値段の記憶を紐解くならば、豚肉のロース薄切り肉の値段が百グラム八十円だったのに対して、マトンの肉は百グラム二十円を切っていて十六円という安いお店も多くありました。鶏の小間切れと同じくらいの値段だったと思います。

ですから、肉が高かった時代にマトンのお値段は、主婦にとっては家計の救世主。マトンやラムという言葉も知らなかった道産子が「綿羊の肉のことっしょ!?」と会話に使いだすには時間はかからなかった。北海道だから、あれほど新鮮な美味い魚介類がふんだんにあるにもかかわらず、やっぱり肉の魅力は別物だし本能である。「家計の負担にならず、お肉が大量に買える……」の思いから、主婦たちは冷凍マトンに飛びついたんだと思う。

しかし、ジンギスカン鍋という料理が北海道民の心を鷲づかみした要因は、もう一つあったと思います。牛肉と豚肉と羊肉の三つの中で一番肉の癖とニオイが強いのは何かと言えば、それは勿論のこと牛肉で、次が豚肉、そして最後がラム肉。「羊肉じゃないやんけ!?」の突っ込み・ボケはいいとして、本当に癖とニオイが全くないのが仔羊の生ラム肉なんですが、今ならラムの生肉を一般家庭でも手に入れることが出来ますが、その当時、半世紀前の北海道の食卓にドーンと並んだのは冷凍マトン。当たり前ですが羊肉臭さはプンプン。美味しく食するにはマトンに合わせたソースや調味料が必要だった。

他の都府県と比べても味覚が鋭いはずの北海道民である。素材の良さを生かす食生活に慣れており、あまりゴテゴテした味付けは好まない。味のこだわりはなく、新しい味は何でもウエルカムだが、基本的には味の複雑さや深みを求めるが、表面的にはあっさりと感じさせるのが好きである。そんなマトンのサイクー熟女のアポクリン腺からの分泌物が細菌で分解され、汗のアンモニアなどが加わって生じる腋臭症、簡単に言うとワキガを封印出来るヒーローがあるのか!?

それが、あったんです。それはベル食品が発売した成吉思汗のタレ、道産子が呼ぶ「ベルのタレ」でした。まさに、関西芸人の隠語「タレ」の意味である「付き合っているオンナ」ではないが、道産子にとっては五十年前から食卓やレジャーの食事で付き合っている恋人のような存在。何が凄いかと言うと、先程ネタのためにニオイを「封印した」と書いてしまいましたが、実は「ベルのタレ」

はマトンの臭みを抑えるというよりは、臭みの個性を生かして旨さに変えていることです。だから、韓国焼肉のタレやバーベキューのソースみたいに甘さや辛さ、スパイスやニンニクなどが自己主張して食材の臭いを抑えるのとは真逆に、あっさりしているんです。それはまさに、相手の力や癖を利用して己の力に変える「食の合気道」という感じでしょうか。

それと、冷凍マトンの臭いを抑える補佐役として、あのヘルメットみたいなジンギスカン鍋の形状が大きな役割を担っています。その形状は、火の熱を逃すことなく集めて高温を維持する形になっています。焼けた鉄鍋のテッペンにのせたラードが流れ出し、その上で焦げるほど一気に焼き上げる肉の、臭いよりも旨味の匂いを強くする効果

広大な牧草地　　写真:KOBA

があったと思われます。また、新鮮な北海道のモヤシやタマネギも食の組合わせ効果が抜群だったと思います。モヤシは水が命。水の良さでモヤシは味が変わります。今でこそ東京でもモヤシは新鮮で日持ちもしますが、筆者が上京した四十年前頃の東京のモヤシなんぞはビックリするほど臭くて不味かった。そのビニールの中味は、ビニ本女優のよう。

それに比べ、北海道のちょっと細めのモヤシは、今のAV女優のようなもの（……なんでモヤシの例がこれなんだ？）。早い話が、鉄鍋の裏にある凹みで熱された空気が対流を生むことで、一気に過熱するほど加熱した鉄板で肉の表面を焼くことで焦げが生じて、いわゆるメイラード反応が羊肉の旨味と独特の香りを封印。そして、肉から流れた旨味の脂を新鮮なモヤシや野菜が吸いながらシャキシャキに炒められてくれる……なんていうことで、実に理に適っている料理だったと言える。これを脳みその中ですべて発想し企画した方がいたのなら、実に素晴らしいと思いますが、それが誰かは？。まぁ、テレビ番組の新しい企画も、当たった時は必ず「あの企画は、俺が考えたんだけど」という人間が三人は現われるものだから……。

ですから、個人的には、このジンギスカン鍋のスタイルは、どこかのお店とか誰かがうんぬんではなく、口コミ等で北海道の各家庭の色々な要素が集約され、普及していった料理だと勝手に思っています。しかしながら、その普及は『ポケモンGO』のような勢いで道内に広がっていった。ジンギスカンが認知されたとたんに、北海道民の家族や仲間たちとのレジャーや学校の遠足も大きく変わったんです。それまでは、トン汁や浜鍋なんかがレジャーの食事の定番だったんですが、海でも山でも公園でもお庭でも、ぜ〜んぶジンギスカンになってしまいました。そりゃそうです。簡単だし安いし美味くて面倒くさくないから。鍋と燃料（最初は薪や炭でしたが、直ぐに固形燃料が出ました）と肉とモヤシとタマネギなど好きな野菜にキノコ、それと「ベルのタレ」を持って行けばいいだけ。後は、ビールとオニギリとコカコーラ（それまではガラナを飲んでいたが、その頃にちょうどコカコーラが入ってきたと思う）があれば完璧です。

だが、そのために弊害もあった。それは、小中学校の「ゆとり教育」。昔、北海道では小中学校の行事として、「炊事遠足」という校外に出て屋外で行う家庭科の調理実習がありました。何人かがチームになり、相談してメニューを作り、予算も考え、調理と工夫も学び、みんなが力を合わせて協調性等々も学ばせることが出来る、色んな意味で児童・生徒たちに美味しい授業だったはず。それまで順調に進んでいた「炊事遠足」はジンギスカンの登場により、学校の思う教育の企画意図がジンギスカン鍋の上にのせたラードの様に溶け出してしまった。どこのチームも全員が、メニューをジンギスカンに決めてしまったのである。まぁ、大らかな時代であり、大らかな大地である。先生も「児童・生徒たちの家庭に負担がかからないし、みんなが楽しくて美味しいからいいしょ？」

と容認してくれたフシもあります。それも含めて道産子にとってジンギスカンは、昭和に生まれた北海道の文化だった。ですから、ススキノのお嬢様たち「北のラムちゃん」が匂いを嗅いで「ジンギスカン食べたっしょ？　ん〜、私も食べたいっしょ」と本音で優しいアクセントの北海道弁で喋ってくれる理由は、ご理解を頂けるかと思います。

さて、そんな北海道のジンギスカンですが、誕生から後は三つのスタイルが生まれました。最初に生まれた冷凍肉の「ロール肉」を使ったスタイルをクラシック・スタイルとすれば、その後に生まれたのが「味付け肉」を使ったスタイルで、その次が「冷蔵（チルド）肉の生肉」スタイル、そして最後が「ラムしゃぶ」こと「薄切り肉のしゃぶしゃぶ」スタイル、その三つです。

分かりやすく言えば、「ロール肉」はサッポロビール園のジンギスカン。その後に生まれた「味付け肉」が、昔、旭川から始まり一世を風靡した松尾ジンギスカン。道産子は「マツジン」と呼ぶ。次が、今はジンギスカンのお店では主流となった、読者の皆さんも聞いたことがあるはず、すすきのに本店がある『だるま』を代表とする「生肉」のジンギスカン。最後が、煙も出ないし、後の片付けも面倒がないので、家庭の食卓で主流になっているのが「しゃぶしゃぶ」のジンギスカン……てな感じでしょうか。

ということで、まずは、「生肉」ジンギスカンの絶品なお店から。フランス人から「星」なんかもらえなくても、誰もが満足するとてもリーズナブルなバカウマのお店を紹介してみます。そこは、北の敏腕・鬼刑事が舌を巻いて頷き、ひたすら舌鼓を打ってしまうサツジンの現場だった……って全然解んないっすよね。それなら、「北の鬼刑事のジンギスカン・サツジン事件簿」のモノローグから!?

――そのサツジン現場は、北の大都会・札幌の一大歓楽街・ススキノの中心部の一角にあった。大小の看板にネオンが瞬き、様々な飲食店やキャバクラにソープランド、老舗の料亭やオシャレなBAR、はたまた温泉シティホテルやラブホテルまで、なんでもかんでもブチ込んでしまった景観は欲望の銀河と化している。そして、その中で一番の異彩を放っているのが、そのサツジンの現場だった。そんなザッツ・ススキノの雑居ビルが建ち並ぶ片隅に、何故か二階建てのバラック造りの建物だけが昭和の建築工事現場の忘れ物のごとく建っていて、その朽ちかけた鉄の外階段はギシギシと音をさせながら揺れているのである。すると、その外階段に並んでいる客たちの中から、北の鬼刑事が手招きをしながら我々に語りかけた。「ようこそ殺人《サツジン》の現場へ、美食探偵のあなた達。では、その味の謎解きはこのディナーで……」。そう、彼が言った通り、そこは間違いなくサツジンの現場なのである……。

てなことで、状況が呑み込めた方々はニコリと笑って答えをどうぞ？　そう、そこのお店の名前が、「札幌ジンギスカン」であり、我々が待ち合わせをする時は、それを略して「サツジンの現地で集合な!!」と呼び合っている、ただのつまんない遊びであります。スミマセン。

しかし、多くの客がこぞってやって来るそのバラック建物。二階の窓に貼られてる「さっぽろジンギスカン」の看板は流れ出る煙で霞んでいますが、決してつまんない場所なんかではありません。その昔は、地元でも筆者の関係の業界人やごく一部の通の人間だけが知っていた隠れ家的な美味いジンギスカン店でした。店名が『さっぽろジンギスカン』というあまり工夫がないことや、札幌を知らない人間に言うと「サッポロビール園のジンギスカン」と思い込んでしまうので、待ち合わせは略して「サツジン（札ジン）」と呼ぶようにしたのであります。

一般的に、札幌の「生肉ジンギスカン」の行列店と言えば『だるま』が超有名なんだと思いますし、色んなニュースにもあったほどホントに美味いお店だと思います。だが、もし「札幌のジンギスカン番付」を付けるとするのなら、筆者的には『だるま』は東の名大関くらい。そして「サツジン」こと『さっぽろジンギスカン』が、亡くなられた千代の富士的な決して相撲取りとしては王道ではないが真の大横綱だと思っています。最近は、ススキノでも良い生肉を出している店も多くなっているようですが、ラムの生肉は良ければ良いほど羊の臭さが全くない分、肉を付けるタレもアッサリする。そのため、美味しさに欠けてしまう問題がある。その点、「サツジン」のジンギスカンはアッサリしているんだけど肉とタレ共々ジャンキーさがあり、そのなんとも言えぬ美味さは、他の店には真似が出来ない味。また、カウンターの端にいる髭のマスターが実にイイ味を出していて、仏頂面で殆んど喋らず、ひたすら右手で血が滴っている生ラム肉を出刃包丁で捌いている。また、アルバイトの女の子は「無言」。命令なのか態度はキツいし、その一日分の肉を切り終えると「あと、お前らやっとけ」とばかりに、これも勝手に帰っちゃうこともしばしば。しかし、機嫌が良い時や常連とは気さくに喋るし意外にシャレっぽい。そんなバイトのオネェちゃんの態度も、半分はシャレの一環という節もある。まぁ、色んな意味で、本当にいい味満載しているお店なのである。

　では、その「サツジン」の味の方はというと、「百聞は一見にしかず」なんですが、「サツジン」の現場検証を伝えるのなら、まぁ、お客は皆んなホントによく食べる。昔、連れて行った弟子で大食いタレントでもないのに二十皿以上も食ったヤツもいた。単純にそんだけ美味いってこと。アイスランド産のチルドの生肉（創成期の冷凍マトンはニュージーランド産でしたが、八十年代になって生肉はアイスランド産が主流となったのである）を仕入れているが、その若いラムは、チルドさせているためなのか、若干熟成がかかっているような気がするのは筆者だけでしょうか？　自然の熟成の寝かせか、はたまたマスターのマジック司郎的な包丁のマジックなのか？　新鮮な生ラムを仕入れているお店は幾つもあるんだけど、何故か「サッジン」の肉には敵わないのである。多少熟成が入ったとしても、ラム肉自体は癖がないだけに、当然ながらタレが重要になる。ここのタレはちょっとジャンキーで、それでいてアッサリしていて、どうにも癖になっちまうほどラム肉に合っている。そんなタレには、擦りおろし生ニンニクを少々入れるとグッド。また、それほど辛くはないから粗挽きの唐辛子の粉を多めに「ドバーッ」ではなく「チョバーッ」ってな感じで入れて欲しい。

カウンター席には、二人で一つの炭火の火鉢が置かれていて（一人ジンギスカンなら淋しく一人で独占出来ますが……）、バイトのオネェちゃんが運んできた鉄鍋の頂点には脂が、その下の受け皿部分には玉ネギをバラバラと無造作にのっけてゆく。すると、もう一人のオネェちゃんが頼んでもないのに、生ラムのロース肉が十枚ほど盛られている皿を銘々お客の前に、やはり無造作に置いてゆく。「どうぞ?」もなく……。だから、ひたすら喰うべし。そんなロース肉は、そのまんま生でも食べられる肉なので、出来るだけレアで食べるべし。食べたら飲むべし。北海道の生ビールは、製造工場から近いせいもあり、樽が揺られていないから美味いとされているが、空気や湿気も関係があると思う。だから、キンキンに冷やしてなくても飲むと喉から体へ美味さの幸せが染み込んでゆく。

二杯目のビールは、生と黒生のハーフ・アンド・ハーフを頼むと、またオネェちゃんがいきなりジョッキを開けろとポーズで催促。言われた通りに飲み干したとたん、空いたビールジョッキを無言で獲られちゃうけど、そのジョッキにハーフ・アンド・ハーフを注いで返してくれるから大丈夫。それと、肉の箸休めに小ライスを頼むと良い。間違っても、白米をガツガツ食うのはご法度。白米で肉を食べるのではなく、白米をサラダ代りに摘まむためである。白米が肉の脂を吸い取ってくれて口の中がサッパリするから、肉も断然進む。肉と白米は格別の相性だが、ちょっとだけ我慢。

鍋にのっている玉ネギは焼けるのに時間がかかるので、野菜焼きのモヤシとアスパラと舞茸もオーダー。ロースを食べ終わりおかわりをオーダーすると、次に出て来る肉はまた違う部位の肉。多少脂のある部分と骨付きのスペアリブも付いてくる。スペアリブは焼けにくいから、早めに鍋のテッペンにのっけると良い。あとは、ひたすら肉とビールの快感に酔いしれるだけ。注文を受けるバイトのオネェちゃんのノーリアクションも、その頃にはなんとなく快感になってくるはず。

「お肉一皿下さ～い」

「……」

「あと、もう二皿」

「……」

「でしたら、私も二皿にして下さい」

「……」

　だから、もう負けません！「ジュウジュウ言わせたるでぇ!!」と飲んで喰うべし。そして満足したら、最後に業務連絡が一つだけ。カウンターテーブルの手前に置いてあるポットに注目。〆には、それぞれが食べ終わったタレにポットに入っているホットジャスミンテーを入れて、スープにして飲むべし。いわゆる蕎麦湯やつけ麺のスープ割みたいなもんだが、北海道では昔からやっている食の風習みたいなもの。より多くの肉を食べたタレの方がコクが増して美味いから、〆のためにも肉を食うべし。言

オトンルイ風力発電所　　写真 :KOBA

った通りにスープを飲むと、大満腹で大満足である。そんな時、ラッキーにもマスターがまだ帰ってない時は、無言だったマスターの髭の口から初めて言葉が発っせられるかも!?

「ホント、よく食べたねェ？　あんた達たちのお陰で、俺の右手が腱鞘炎になっちまっただろう？」

「それってマスター、その右手のサポーター、前からだから！」

と突っ込んだら、客やあのバイトのオネェちゃんも含め、店内全員の笑い声が、肉を焼く煙と共に「サッポロジンジン」の窓からネオンの街へ流れて行った……。さぁ、あとは「あ〜、ジンギスカン食べたっしょ？」の違うオネェちゃんだ……。てなことで、これが札幌ジンギスカン番付の大横綱『さっぽろジンギスカン』の取り組みでした。

そんな『さっぽろジンギスカン』はお土産のセットもあったりしますが、あのジンギスカンはやはり、少しマギー司郎似のマスターのひたすら肉を切り続けているパフォーマンスと、そのマスターの指示なのか不愛想を守るアルバイトのオネェちゃんたちの姿を、カウンター後ろにある腰掛けで席が空くのを待ちつつ、ジンギスカンの煙を浴びながら待っているのが至福の極みである。だから、ジンギスカンはザッツ・ススキノの聖地に建つバラック二階建ての現場へ実際に行って、色んな意味で味わいを体感して欲しいと思います。こんなバッラクのお店なんかは、フランス人のガイドでは絶対「星」は付けないでしょうが、日本人にとっては世界に誇る食パフォーマンスだと自負しております。

さて、次はジンギスカンの中で一番新しいニューブリード「ラムしゃぶ」を。今度は、わざわざ札幌へ足を運ばなくても都内は勿論のこと、全国の家庭でもラム肉（お取り寄せなど）と「ベルのタレ」や北海道の道東では人気の「ソラチのタレ」（最近は大手のスーパーでも棚に並んでいます）なんかがあれば手軽に楽しめるジンギスカン。筆者が数十年前から家庭で食してきたネタを紹介してみます。

それは、長女の旦那が結婚の挨拶をしに我が家へやって来た時に北海道らしく振る舞ってやった料理。緊張して黒霧島の芋焼酎を飲み過ぎて帰りの電車を乗り過ごしたらしいが、その婿殿が我が愛娘に向かって「あのメの『ラムしゃぶ麺』は絶品だ！　あの出会いは自分の人生の中で君と出会ったことの次に素晴らしい出会いだ!!」と唸りながら言ったとか言わなかったとか……。だから、東京っ子の舌でもイケまっせ？

そのラムしゃぶが、まだ北海道でもそれ程には流行ってない頃の三十五年以上前から、西新宿の我が家の食卓では「しゃぶしゃぶ用のラムの薄切り肉」を仕入れて美食を堪能、舌鼓の度を越えて食べ過ぎてパンパンの腹鼓をパーンと京王プラザホテルに向かって打っていた。山びこが超高層ビルの壁面にパーンと返ってきたら面白いのに……と願って。そんな超満腹するほどの美味しいラム肉を仕入れていた場所は、なんと新宿伊勢丹のデパ地下のお肉屋さんだった。「あれっ!? 老舗の百貨店である伊勢丹って、昔は食品売場でも新宿の他のデパートと比べると割と高級で、お肉屋さんも松坂牛や神戸牛などの和牛霜降り肉がドーンと並んでいるお店。そんなお店で羊肉なんか売ってないんじゃないの?」と伊勢丹をご贔屓にしているタータンチェックの紙袋を持ったマダムや紳士に言われそうですが、「ハイ、その通り!!」なんです。お店のショーケースには、羊肉なんぞは並んではおりません。そう、伊勢丹の近く新宿三丁目の「末広亭」の寄席なら落語は牛肉、漫才や漫談、奇術や声帯模写の類が羊肉で色物なのである。

ですが、実は昔も今も、お店の方に「スミマセン、ラムのしゃぶしゃぶ用のお肉を○○グラムお願いします」と頼むと、直ぐに奥の冷凍庫から出してくれるんです。高級な牛肉のしゃぶしゃぶ肉同様に、薄いお肉がくっつかない様に一枚ずつ紙を挟んで丁寧に包んでくれます。確かに肉は冷凍なんですが、肉の薄さを考えれば却って良く、今の生肉なら多少厚くても構わないのかもしれませんが、やはりラムのしゃぶしゃぶでも肉は薄めで、さっと湯を潜らせるくらいの半生で食べる方が美味い。残念ながら今となっては、そのラムしゃぶ用のお肉は、牛肉と同じくらいの値段になっているらしいが、あの時代は北海道に冷凍マトンが入った時の如く実にリーズナブルな値段であり、味の方も本場道産子出身の筆者が「コレって、イケるぞ!?」という食材でした。

羊肉は他の肉類の中でもL—カルニチンの量が群を抜いて多く含まれているために脂肪燃焼効果があり、当然ダイエット効果もあるそうですが、低カロリーの野菜や海藻・キノコ類を一緒に摂れる「ラムしゃぶ」なら余計に効果がありそう。おまけにラム肉は他の肉に比べて低コレステロール。だから、思いっきり食っても体にはプラス・マイナスってぇことにして、ラム肉が手に入ったら、じゃんじゃん食べてお試しを。後は「ベルのタレ」なんかのジンギスカンのタレがあれば、難しい用意は全くいりません。

野菜は牛しゃぶ・豚しゃぶ同様、一般的な白菜・ネギに水菜とレタスも合っていて、シイタケやエノキなどのキノコ類、ワカメとクズキリやマロニーちゃんもスープを吸ってイイ感じに……。それと、ラムしゃぶにプラスしたい野菜は、モヤシとタマネギ。やはりジンギスカン鍋の名残は入れるべきで、実際に茹でても「ベルのタレ」には相性がピッタリ。だから、ラム肉とモヤシ・タマネギはジンギスカンのタレ（お好みに擂りニンニクやペッパー・粗挽きの唐辛子を加えても）につけて食して、他の野菜はポン酢にゆず胡椒を入れて食しております。

そして、ラムしゃぶ殿に控えるは、四十代式守伊之助の立行司が結びの一番を裁いてゆく「中華麺のしゃぶ麺」。長女の旦那殿が絶賛する〆の「つけ麺」風っつうか「なべ麺」つうかの中華麺でございます。これも、実に簡単なレシピ。ラムや野菜をしゃぶしゃぶしてきた鍋から灰汁を取ってスープのベースを作る。そして、つけ麺風の汁を作るために小鉢に塩・胡椒・うま味調味料とお好みで醤油を少々入れて、鍋に浮いている脂とスープを注ぎ、薬味のネギを浮かべる。これだけでも充分なんですが、一味足したいのなら中華スープの素。今なら味覇（ウェイパー）か創味シャンタンを足すと良い（昔は、ベルのラーメンスープ塩味の素を入れていたが）。それが出来たら、あとは下茹でして冷水で絞めておいた中華麺を鍋のスープに潜らせて、程よい硬さになったら皆んなで遠慮なく箸で突きながら「フ〜フ〜、ズルズル」。家族や仲間たちと楽しく食べたら完成。……おっと、物言いです。一つ忘れていました。味付けメンマも入れとかなきゃいけなかった。ラムしゃぶ麺に必要な食アイテムも追加しておきます。以上。

ということで、成吉思汗鍋を文字って「成女思匂汗鍋」とススキノのオネェちゃんが「ジンギスカンの匂いが大好き」ということから始まった最後の章ですが、そのラストは家族が食卓を囲む温かい鍋になりました。その域まではまだまだですが、男の人生ってそんなモノかもって感じもしてきます。筆者が人生で誇れることがあるとしたら、それは家族から愛されていること……。だから昨日、二人の愛娘に向かって、こう話してやりました。

「これでもパパ、作家としてクリエイターとして色んな番組などの作品を創って来た自負はあります。面白い作品、知的な作品、くだらないけどためになる作品やドキドキわくわくさせる作品……色んな作品を創ってヒットさせたけど、その中でパパが創った一番美しい作品が二つあるんだけど、分かる？　それは、あなたたち二人の心です！」と言ったら、二人の娘たちは声を揃ってこう言い放った。

「ヨッ、でかした!!」

ミュシュランの星なんかより、金星百個の答えです……。てなこって、この一番にて千秋楽でございます……。

〈オマケのジンギスカンガイド〉

東京でジンギスカンを食べたいなら、やはり中目黒の『成吉思汗ふじや』でしょう。知り合いのお店だからではありません（小樽出身のタレントというか司会者っていうか「コージ」というか加藤浩次氏がオーナーの一人になっているお店ですが……）。コージの同級生である店長から勧められた「ラムの熟成肉」は今も忘れない美味さでした。店長曰く「サッジンは超えている！」と言う自負が立派。敬意を表しております。洗練された味は、ホント美味いっすよ！　知らない方なら、是非一度お試し下さい。

瑞木　裕（みずき ゆう）
放送作家／脚本家／原作者／番組・映画プロデューサー。1955年北海道小樽市生まれ。大学在籍時よりバラエティー番組や音楽番組の演出アシスタントを始める。77年青山学院大学中退後、プロの放送作家へ。「ヤンヤン歌うスタジオ」(TV東京)「欽ドン！良い子悪い子普通の子」(フジテレビ)などの作・構成を執筆。その後も「オシャレ30・30」(日本テレビ)「さんまのナンでもダービー」(TV朝日)「これが世界のスーパードクター」(TBS)「ビートたけしのスポーツ大将」(TV朝日)など、多くのヒット番組を企画・構成・脚本で制作する。自称〝絶対音感〟ならぬ〝舌対味覚〟の持ち主？

どーでもミシュラン
ホントに美味しい北海道に出会う食うんちく

2016年9月8日 第1刷発行

著　者　瑞木　裕
発行者　千葉 弘志
発行所　株式会社ベストブック
〒106-0041 東京都港区麻布台3-4-11 麻布エスビル3階
03(3583)9762(代表)
〒106-0041 東京都港区麻布台3-1-5 日ノ樹ビル5階
03(3585)4459(販売部)
http://www.bestbookweb.com
印刷・製本　中央精版印刷株式会社
装　丁　クリエイティブ・コンセプト

ISBN978-4-8314-0205-9 C0076